臺灣歷史與文化 研究輯刊

初　編

第 21 冊

臺灣民間信仰、神壇與佛教發展
——臺灣宗教信仰的特質與趨勢（三）

賴建成、吳世英　著

花木蘭文化出版社

國家圖書館出版品預行編目資料

臺灣民間信仰、神壇與佛教發展——臺灣宗教信仰的特質與趨
勢（三）／賴建成、吳世英 著 — 初版 — 新北市：花木蘭文
化出版社，2013〔民 102〕
序 2+ 目 12+166 面；19×26 公分
（臺灣歷史與文化研究輯刊 初編：第 21 冊）
ISBN：978-986-322-274-3（精裝）
1. 民間信仰　2. 臺灣
733.08　　　　　　　　　　　　　　　　102002952

ISBN-978-986-322-274-3

9 789863 222743

臺灣歷史與文化研究輯刊
初　編　第二一冊　　　　　　　ISBN：978-986-322-274-3

臺灣民間信仰、神壇與佛教發展
——臺灣宗教信仰的特質與趨勢（三）

作　　者　賴建成、吳世英
總 編 輯　杜潔祥
出　　版　花木蘭文化出版社
發 行 所　花木蘭文化出版社
發 行 人　高小娟
聯絡地址　235 新北市中和區中安街七二號十三樓
　　　　　電話：02-2923-1455／傳眞：02-2923-1452
網　　址　http://www.huamulan.tw 信箱 sut81518@gmail.com
印　　刷　普羅文化出版廣告事業
初　　版　2013 年 3 月
定　　價　初編　30 冊（精裝）新臺幣 60,000 元

臺灣民間信仰、神壇與佛教發展
——臺灣宗教信仰的特質與趨勢（三）

賴建成、吳世英　著

作者簡介

吳世英博士，香港珠海大學中國歷史所博士。民國 87 年 9 月於中國文化大學觀光系就讀，後入研究所進修，91 年 6 月畢業。旋在大華技術學院、景文科技大學、中國科技大學任教，已升等為助理教授。國畫方面，曾跟陳柏梁學習花鳥，在王壽藹家習字與文人畫作。專長在空服、遊遊、國際禮儀與宗教。編撰的作品，有《藝術與生活美學》、《生活美學與文化創意》與《台灣宗教信仰的特質與發展的趨勢——以佛教與民間信仰為主要論述》。

提　　要

　　天台宗從陳隋之際智者大師開創以來，歷經灌頂而至湛然，五世以付授相傳，在禪教與止觀方面樹立了獨特的風格，也影響到佛教其他宗派的發展。會昌法難之後，天台宗因為有其止觀之學與禪講的習慣，使其命脈能夠在吳越地區延續下去，所以在晚唐到宋初之際有了復甦的現象。

　　本文以晤恩法師與天台分宗為主題，在「緒論」上首先討論前人的研究及其局限性、研究上的方向與可以探究的問題。第二章「天台宗的起源與師承」，則從時代背景與歷史的潮流談起，以探究天台宗在晚唐宋初所面臨到的問題。第三章「晤恩及其會下學人」：從諸多史料中，考證他們所居住過的寺院，重現歷史的面貌，以添補前人在敘述這段歷史的不足，並彰顯晤恩法師及其會下學人對於天台宗的貢獻。第四章，從天台宗的從上所傳宗風與分燈行化，來看其法緣、宗匠、流派以及教內外問題。第五章是敘述山家、山外的諍論。

　　第六章「天台分宗的影響」，探討「祖師的地位」、「行化的地緣」與「教界的形勢」。第七章則以「祖庭與別子」、「止觀與義學」、「法器與道法」、「正統與旁枝」、「行化與形勢」等主題來說明天台宗發展上的特質。第八章「結論」部份，簡述天台宗的特質以及其在晚唐宋初的發展概況。再次談論晤恩法師及其會下學人在天台教史的成就。最後 敘述天台宗的流派 以及山家山外分宗並流，以及天台教史的建立對兩宗的影響。

自　序

　　自從就讀景文二專以來，一直跟著賴建成博士學習，初時是練功，修習他雜揉顯道密體會來出心氣行法。在文化大學修習碩士課程之後，得到師之邀請在景文科技大學授課至今。當中又到臺大當助理，離職後去香港珠海大學歷史研究所博士班進修，轉攻中國史，興趣在佛教與藝術。得到明復法師的義子、賴建成師的師弟吳枝開先生的引介，拜國寶級大師王壽蘐為師，勤習書法與國畫；後來又到師大推廣教育班跟陳柏梁老師學習水墨畫，希望未來在國畫與禪藝術上有所成就。

　　在景文科大教書期間，曾受師之邀請，與張憲生博士共同編輯出一本名為《藝術與生活美學》，該書在 2006 年被中國者列為審美社會學的代表作之一。受師之鼓勵，近年來的專題研究，從原本的人性與品質之管理，逐漸著重在宗教史與藝術史的路徑走去，並把看書、習畫的心得寫下來，名為「玄英畫語錄」，登載在「醋貓隨草」部落格之上，也參訪過佛道神壇感觸頗多。除了傳統政治史的文章與練功心得之外，我寫過〈臺灣的主權與臺灣的定位問題〉，至於有關臺灣的宗教與寺廟文化，這幾年來我曾寫過數篇文章：

　　一、臺灣光復以來政府的宗教政策暨佛教發展之省思

　　二、臺灣神秘的街頭舞者官將首

　　三、臺灣廟宇建築及其文化變遷之因素

　　四、身心靈地圖及其統合問題——以自然內功為例

　　五、臺灣民俗節慶與寺廟文化

　　六、生命信息與生命訊息

　　七、洪秀全對宗教的理解與行事

其中，〈身心靈地圖及其統合問題－以自然內功爲例〉一文爲練功心得分享，2008 年 5 月在萬能科技大學『第五屆生命關懷教育學術研討會』上與賴建成教授共同發表，而〈臺灣神秘的街頭舞者官將首－臺北縣新莊地藏庵俊賢堂官將首團及其藝陣活動〉一文，2009 年 6 月在景文科技大學「第二屆通識－傳統學術與當代人文精神研討會」上與鍾美莉助教共同發表。〈臺灣的主權與定位初探〉一文，2009 年 6 月 6 日於景文科大學通識教育中心第二屆「通識教育－傳統學術與當代人文精神」研討會上與李岳牧助理教授共同發表。〈洪秀全對宗教的理解與行事〉一文後修訂爲〈洪秀全與宗教關係初探〉，2010 年 6 月 24 日在景文科大學人文藝術學院「2010 全人教育論壇暨生命、人文與博雅學術研討會」上與李岳牧助理教授共同發表。

多年來來跟隨賴建成教授修習佛道之學，曾參訪過一些密宗行人與神壇中人，對於佛教與民間信仰之間的差別頗有一些心得。在博士班時，對於國家的處境與發展認識越深，且在大學授課的科目是中華民國憲法與立國精神、歷史與人物分析、歷史通論與文化導覽，由是對於臺灣的主權與歷史地位有更深一層的認識。這一次賴建成教授要編輯《臺灣宗教信仰的特質與趨勢》一書，主要的文章都是論文，這些文章有些是我就讀博士班時的論文報告，其中數篇文章曾在學術研討會上發表過；我就專長部份，把題目定爲《臺灣的定位與宗教文化的進路》，搜集了相關的論文與書籍之後，重新編寫過，由於時間有限以及學養的關係，疏陋之處必多，但就此當作我多年來學習政治史、佛教與接觸民間信仰的過程心得。當空服員時，因業務的關係，擴展我的眼界；而研習宗教，做宗教文化上的交流，是心的學問而不僅是動動腦而已；在個人信仰上，用心學習使自己「向上一著」，是重要的課題；而人際關係的祥和以及文明的增上，卻是一種「心的藝術」，吾人還要努力。

吳世英

目
次

第三冊

下　篇
臺灣的定位與宗教文化的進路

第一章 緒 論

　　自從政府從大陸播遷來臺之後，由於兩岸政權處於對峙的狀態，臺灣從此存在著主權與定位的問題，揮之不去，這種現象不僅是在政治的層面上，在經濟與宗教文化上也深受影響。儘管臺灣存在著外部政治危機的威脅，國人為生存奮進不懈的心是可貴的，經過兩蔣的統治之後，臺灣社會趨於安康樂利的景象，很多方面都有長足的進步。隨著解嚴的到來以及政權的輪替，民主化、國際化的腳步加快；在本土意識抬頭之下，國人努力於鄉土文化研究，本土文化逐漸能與世界文化接軌、競爭而獲得不少榮光。國人的創新力不斷的湧現出來，本土意識、本土文化、本土價值等課題，也更加發酵，臺灣人要作主的聲浪與作為，在各個領域上萌芽、成長，這種現象也表現在宗教文化之上。

　　臺灣的宗教文化，包含儒家思想，早期多由中國大陸植入，當然其影響層面就深化了。臺灣幾十年的自立、更生，還有與國際文化接觸之後，如今的宗教文化除了舊有的型式之外，也加入了不少新的成份，如臺灣人的風土民情以及包容性的特質，由此轉化成現在被稱為的本土文化，而有別於傳統的大陸文化，以及現存的大陸文化。臺灣從政治的變革，從一黨專權到政黨的輪替，從兩岸的對峙到兩岸的交流往來，民主化、國際化的步伐加快了，從經濟奇蹟造成全民富裕的生活，對社會產生了很大的變化。臺灣從農業國到提升工業，從世界加工場到產品開發、分配，逐漸走到世界很多國家去設廠與重視投資之路。國家從極權到民主的進程中，國家的發展引導國內很多企業、宗教來作整體性的規畫與發展，使得臺灣的文明更加增上。民間信仰活動，也隨著政府的開放、輔導以及民間自主性的活力，在社會上展現蓬勃

的生機，新興宗教層出不窮，展現了社會上多元文化的發展與面貌。

　　20 世紀 80 年代起，隨著國家政策的發展以及人民自主性的創發力量，臺灣在全球化與現代性中扮演出許多傑出、傲人的角色，也使得臺灣的文化更為世人所矚目。臺灣儼然已成世界文明的重要一個環節，尤其在政治民主、經濟發達方面以及民眾知性與生活達到一個高水準的狀態上，社會的風土民情、飲食與宗教文化，自然成了外國觀光客來臺想要觀看與親身體會的項目。兩岸的分歧，隨著開放交流的進程中，直航、觀光與投資，更拓展了國人的視野與經驗，也逐漸拉近了兩岸的距離，共謀在經濟、工業、文化諸多產業上形成雙贏的局面，使作文化的交融與創進。

　　文明的多元性發展，使得臺灣社會也產生了不少危機，由是社會上也一再呼籲著心靈與精神文明的重要性，且被提舉當作治世的良方。除了人性的層面品質須要提高之外，最重要的是要面對極劇變化、多元文明開展中的 21 世紀，不僅個人連國家，都要有新的思維、新的倫理、新的價值觀來因應世局。本篇的全文，包括十二個單元，除了「緒論」與「結論」之外，內容包括「臺灣的國家與定位問題」、「臺灣光復以來政府的宗教政策暨佛教發展」、「臺灣廟宇建築及其文化變遷之因素」、「臺灣民俗節慶與寺廟文化」、「臺灣神秘的街頭舞者官將首」、「仙道氣學與臺灣民間信仰」、「身心靈地圖及其統合問題——以自然內功為例」、「生命信息與生命訊息——從易占與宗教思維的觀點」、「荀子的變革精神與儒家的進路——兼論儒、佛應世的道法」、「生命共通的網絡——禪修中持咒與練氣、樂活的功德」等單元，來加以論述。

第二章　臺灣的主權與定位問題

提　要

　　由於國共內戰的結果，自 1949 年開始，中國分裂成兩個不同制度、不同意識形態之政權，雙方隔著臺灣海峽，從初期之相互敵視，且都信誓旦旦要消滅對方之武力對峙局面，經過 40 年的各自發展之後，復因國際環境的轉變，雙方亦不得不意識並默認對方的存在。

　　近十幾年來，中國之內政優先順序由政治鬥爭轉移到經濟建設方面，因而極需和平之國際環境，而臺灣也因強人時代結束，意識型態逐漸淡化等因素之變化，也逐漸改變昔日極為封閉之外交與對臺政策，故臺海兩岸都有意結束昔日之僵持對峙狀態，尋求新的均衡點，並在新的均衡點上進行新的互動，進而追尋各自最大的利益。

　　在政治選擇上，臺灣因為要確保主體性而向「獨立」一方偏移，而中國也從過去的「促統」戰略，轉變為全球化下孤立臺灣的「反獨」策略，但在經濟策略上，雙方都向經濟整合的一方上升，雖在政治與經濟發展上，形成兩條「平行線」的永不交集，然兩岸卻在經濟上不僅「交集」，而將有可能會是完全「重合」。綜觀臺海兩岸局勢的轉變，或說：「歷史將會評論，2010 年 6 月 29 日在重慶簽定的《兩岸經濟合作架構協議》（ECFA），是臺灣在 1954 年 12 月 2 日於華盛頓簽署《中美共同防禦條約》以來最重要的條約。《中美共同防禦條約》使臺灣以成為美國所領導的反共冷戰之前哨為國家生存戰略；而 ECFA 則標誌著臺灣靠自己的力量，改以經貿及社會互動與大陸進行政

治競合的新紀元。」〔註1〕

　　嚴格來說，臺灣的分離主義問題，並不是民主政治直接催生的，而是一直存在於兩岸分裂分治後國民黨政權統治臺灣的歷史；儘管學者認為，在當前臺灣人的國族情感和理念之中，存在著幾種論述，其中最值得注意的是，即使是中國民族主義，亦展現出一定的分離主義傾向，強調中華民國在臺灣獨立於中國大陸的主權地位。〔註2〕當前中國最怕的是宗教會破壞他的統治，臺獨會妨礙他的統一大夢。本文分六個單元，來談論臺灣的主權與定位問題：一「緒論」，內容包括中國一詞的含意、臺灣的主權與前途問題。二「從一國到分歧」，內容包括兩岸對峙與對比、兩岸的交流與談判。三是「統一與臺獨」，內容包括合群與獨立自尊、分離臺灣與臺獨。四是「國家認同與主權」，內容包括國家認同、獨立與主權。第五「臺灣的危機」，內容包括中國打壓、內部紛爭、正名問題與開放問題；臺灣不僅存在著內部的族群紛爭與國家認同問題，還有外部的一些因素，包括政治層面、經濟因素，還有本土化、國際化的問題。六是「統獨與佛教發展」，包括解嚴前與解嚴後佛教的生態、發展的問題及其局限性。七是「結論」，族群問題與國家認同糾結在一塊，久成傷痛，唯有一心一德，展望未來，國家才有光明前途。此文也從政治課題，兼論臺灣的宗教現象上的一些問題。

　　關鍵詞：臺灣的主權、統獨問題、聯合國議題、臺灣危機、族群問題、國家認同、兩岸經濟、談判策略、美國模糊策略、ECFA。

一、緒　論

　　「中國」一詞，在 1972 年 1 月 1 日以前，泛指兩岸政權所想治理的地區。在臺灣，於國民黨威權時代的統治下，一切的變化與進步不論在制度與思維上，都較緩慢、較疏緩；當解嚴來臨了，政黨輪替下，隨著全球化與現代化的腳步，民主與人權的逐漸高漲，社會多元化，本土化與國際化成了時代風潮，國人追求高經濟、高品質的生活環境，以及因應國際生態、社會變遷不斷產生新的思維，這就是政府自從播遷來臺 50 年來的處境。

　　「中國」一詞，在 1972 年 1 月 1 日以後，泛指兩岸政權所治理的區域，

〔註1〕　《聯合報》，民國 99 年 6 月 26 日「社論」〈臺灣進入「後 ECFA 時期」〉。
〔註2〕　王家英《臺灣近年外交政策的趨向》（1998 年 5 月，香港海峽兩岸關係研究中心），頁 26。

的區域，而之前中華民國在國際舞台上是被承認爲中國「唯一合法政府」；第26屆聯合國大會通過接納中共入會，並排斥我國的決議前，我國出席聯大代表周書楷先生即發表嚴正聲明，宣布中華民國決定退出聯合國。〔註3〕雖說是「漢賊不兩立」，但世事眞的無常，加上美國行事風格一向以國家利益爲優先考慮，而中共當局也爲了因應國際情勢的緊張，鄧小平推動了聯美政策，而美國卡特總統想在歷史留名，不顧一切打出「中國牌」，〔註4〕借以遏止俄國的侵略野心，雙方一拍即合，卻是貌和神離，各自有所盤算。自從聯合國代表被中共取代之後，臺灣當局不斷變更名號，以之與中國區別，如用中華、中華民國在臺灣、中華臺北、臺灣，最後走上去蔣、去中國化之路，使兩岸局勢趨於緊張，也影響到私人企業與國家經濟發展。

國民政府遷臺以來，臺灣內部異聲突起，威權統治與自由聲浪相激盪，臺灣主權問題一再被質疑，228事件造成的兵血刃之歷史悲劇，以及後來的白色恐怖事件，讓異議人士發出了臺灣是「無主地」的宣言；臺獨勢力隨著解嚴而壯大，美國對於「臺灣地位未定論」的立場，至今也始終沒有大的改變。〔註5〕隨後的黨禁，以及李登輝的「寧靜革命」，〔註6〕自由民主的風氣大開，種種不利於國黨的環境逐漸形成，造成政黨輪替，臺灣的主權、國號、統獨、族群、教育文化問題一再被提起，突破外交困境、提昇經濟發展，以及正名修憲變成當前臺灣的重大課題。

民黨執政之後，中華民國是否是一個主權獨立的國家，臺灣的前途何在，臺灣在國際政經、社會文教的舞台上如何扮演其角色，在在是執政者與關心國事前途者必須加以省思的。但到馬英九執政，國共之間的關係，乍看似越走越近，而兩岸的分歧處仍多，統獨問題依然存在，臺灣的歸屬問題，仍舊是中國政權所關心的議題，在臺灣明說中國的主權，是一大忌諱，郭冠英被藍綠同聲譴責，國人包括馬英九總統在內，當會以此爲之警惕；但兩岸確實存在著有合與同的空間，不僅在政治，且在經濟與文化層面，這眞的直讓兩

〔註3〕 參見李雲漢《中國近代史》（民國80年8月，三民書局出版）「第十二章臺海兩岸的對比與展望——國際逆流的衝擊」，頁396。

〔註4〕 陳正茂主編《中國近現代史》（民國81年5月25日，大揚出版社）「第十三章四十年來家國——海峽兩岸的對比與展望」，頁700。

〔註5〕 王曉波〈美國霸權主義在臺灣〉（1991年11月，海峽評論雜誌社）《臺灣命運機密檔案》序，頁6。

〔註6〕 唐光華〈臺灣未完成的寧境革命〉，民國87年5月21日中國時報11「時論廣場——我見我思」。

岸的人民有不斷的話頭可以去省思、去構想，但一談到統一與武力，問題就敏感了，而全球化與現代化的腳步，使得兩岸的問題更加繁複。

二、從一國到分歧

（一）兩岸的對峙

民國 38 年 10 月以後，由於中華人民共和國在北平成立，以及中華民國政府的播遷來臺，中國在外觀上成了一個分裂的國家，一邊是自由中國，一邊是共產國家。〔註7〕對此情況，國人的立場又是如何？李雲漢在〈兩種制度的實驗〉文中說「就中華民國的立場而言，政府之遷往臺北，猶如抗戰時期政府之遷往重慶一樣，並不構成中華民國政府作為全國唯一合法政府之地位的挑戰。法理上，中華民國政府依據中華民國憲法而產生，中華民國憲法則係由全國各省區及海外僑胞的國民大會制定，是一部依民主程序產生的民主憲法。事實上，中華民國政府對中共的戡亂行動僅是失利，但並未結束，亦即政府與中共間仍立於戰爭狀態中，中華民國政府一直在為收復大陸失土而積極奮鬥。因此，中國目前的分裂狀態，與亞洲的南北韓及歐洲的東西德，情形並不相同。然而，中共政權之存在於大陸已有 37 年，乃係事實。從廣闊的歷史角度看，國人可認定：37 年以來，中國人在臺灣和大陸，進行了兩種不同制度的實驗。」〔註8〕歷史主權、事實主權與實質主權，成了國人的心病。

由兩種不同的思想，產生不同的政治制度，也產生自由與奴役、民主與極權、進步與落後、富足與貧困、光明與黑暗之別。談到中共政權，陳啓章在〈中共政策與法律混淆〉文中說：「自中共政權成立之後，大陸司法體制多次進行改革，但迄今大陸法律的制定和實施都不離開共產黨領導。（中略）1950 年以後，中共完全廢除我政府在大陸之司法制度，實踐革命須徹底大碎舊國家機器的理論，其設法法院及檢察署受命於行政機關，司法獨立有名無實。（中略）中共對於人民言論自由權利，早寫入 1954 年憲法之中，然迄今甚少提及此一憲法條款。在大陸現實生活中，言論自由之有無，實與憲法無關，它取決於中共的方針、政策。本黨要守法，但實際黨高於法；黨便是最高立法者，黨的文件成為最高的法律。」〔註9〕以黨領政，以政統軍，實施極權統治，國

〔註7〕 李雲漢《中國近代史》，「第十二章臺海兩岸的對比與展望」，頁 409。
〔註8〕 李雲漢《中國近代史》，頁 409～410。
〔註9〕 陳啓章《大陸宗教政策與法規之探討》〈民國 82 年 6 月，行政院大陸委員會〉，

共的情況有雷同之處。臺灣雖然逐步的民主，但開明的人士仍然批評政府受列寧式政權的影響，而其政體是變相的民主專政，有人脫黨選舉如許信良，或組黨與國黨相抗衡；這種情況是大陸所沒有的，也是臺灣的可貴之處。

　　自 1949 中國大陸淪陷以來，國民政府主張貫徹反共復國大業，「三民主義，統一中國」、「殺朱拔毛」等即為此一時期之口號。而「中國只有一個國家，一個國家只有一個正統政府，除了正統政府，任何政府，不論其規模多大，都算是『偽政府』、『匪幫』、『叛亂團體』」，這是臺灣對中華人民共和國建國以來一貫之姿勢（黃昭堂，2006：59）。回顧此段歷史，臺灣經歷中國的武力進犯，也歷經國際外交之挫敗，導致復國希望漸趨渺茫。1979 年，中國與美國建交後，欲以和平方式取代「解放臺灣」的口號來解決臺灣問題，但蔣經國總統聲明：「臺灣不論在任何情況下絕對不與中國政權交涉，並且絕對不放棄光復大陸解救同胞的神聖任務，這個立場絕不會變更。」此談話更進一步衍生為不接觸、不談判、不妥協的「三不政策」內涵。直到後期，蔣經國才調整其戰略。

（二）兩岸交流與談判

　　臺灣極力要落實憲政，但隨著政權輪替，客觀的環境與當政者主觀的意識形態，卻使族群與統獨問題提到抬面，臺灣獨立的聲浪與去中國化的作為高漲。國人有受正統論與一統論的影響，如陳啟章先生在《大陸宗教政策與法規之探討》一書「前言」文中說：「海峽兩岸隔閡 40 多年，在不同體治之下，臺灣與大陸同胞在觀念和生活上已有很大差距。藉著兩岸民間交流，促進瞭解，增進情誼，對於舖設統一之路，為未來建立民主、自由、均富的中國將有助益。」〔註10〕同樣是統一論的芮正皋教授在〈中華民國退出聯合國始末〉文中說：「臺灣被孤立，統一路更遙。在兩岸統一條件未臻成熟之前，雙方首須把兩岸關係定位為彼此相互承認對方為獨立對等的政治實體，認知兩者所不同者僅為大小之別而已。既是大小問題，而非從屬問題，那就只須在互信及平等的基礎上，建立一套遊戲規則及相處原則，即可以和平方式，共謀統一之道。」〔註11〕

　　民國 76 年 11 月 2 日，政府宣布開放民眾赴大陸探親。這一項歷史性的決定，使得長期隔絕對立的兩岸關係出現了良性互動的契機，近年赴大陸探

頁 21～24。
〔註10〕陳啟章，前引書，頁 1。
〔註11〕民國 85 年 9 月 6 日《自由時報》。

親、採訪、拍片、競賽、訪問、進香的民眾，以及赴大陸投資的廠商絡繹於途，兩岸民間交流的速度也愈來愈快。〔註 12〕兩岸人民在文化的匯合上，很是努力，但中共對大陸的統治，已是不爭的事實，對臺灣企圖採用「垂直統一模式」是不會改變的，〔註 13〕我政府也當正視這個問題，對一個中國問題或中共所提「一國兩制」問題，也要提出謀求之道。民國 78 年我國當局提出了「一國兩府」的主張，稍後又出現「一國兩區」及「一國兩個政治實體」的概念，試圖以較務實的態度，來解決「一個中國」政策下的外交困境與兩岸關係，並迴避中共政權所提出的「一國兩制」的挑戰。〔註 14〕

民國 80 年 3 月 14 日行政院第 2223 次會議通過「國家統一綱領」，提出「一個中國、兩個對等政治實體」（一國兩政治實體）的架構，來定位兩岸關係，其主要內涵包括：

1、中華民國的存在，乃是不容否認的事實。

2、「一個中國」是指歷史上、地理上、文化上、血緣上的中國。

3、兩岸的分裂分治，只是中國歷史上暫時的、過渡時期的現象，經由兩岸共同的努力，中國必然會再度走上統一的道路。因此，在追求統一的過程中，兩岸可先經由民間事務性交流，消除彼此間的敵意，進而營造統一的條件；雙方在國際上互相尊重而非彼此排斥，以及雙方放棄以武力做為實現統一的手段。

4、為兩岸的統治談判預留空間。正因為中國目前是分裂為兩個政治實體才要經由交流和談判，使它合而為一。〔註 15〕

兩岸交流勢不可擋，且中國與印度逐漸在國際舞台上展現其實力與影響力。臺商到大陸投資的熱潮，非政府所能阻擋；大陸「拉商打政」、「以商圍政」的對臺動作，政府提出「戒急用忍」、「根留臺灣」、「南進政策」來加以因應；而臺灣政府獨厚企業家，被批評違背「公平原則」，乃說：「誰要急誰要忍。」〔註 16〕臺灣的一些政策，「業務只有二三人在負責，幕僚們一直是在

〔註 12〕陳啓章《大陸宗教政策與法規之探討》，頁 1。
〔註 13〕王家英《臺灣近年外交政策的趨向》，頁 39。
〔註 14〕趙建民（認同危機與兩岸交流）（民國 82 年，臺北《國立政治大學中山學術與國家發展研究所學術研討會論文集》），頁 7。
〔註 15〕林明煌《憲法與立國精神》（民國 93 年 9 月，華立圖書股份有限公司）「第六章民族主義與憲制中的國家整合」，頁 116～117。
〔註 16〕金恆煒（誰要急誰要忍？），85 年 9 月 6 日「中國時報——針探」。

當局有所指示後就忙著寫說帖；不少學者也像候鳥一般，隨著風向飛東飛西，沒有全盤追蹤與落實的機制，這才是問題的關鍵。」〔註17〕

　　政府認爲赴大陸投資須保守，不急於一時，而部份宗教人士或學者專家則期望透過宗教文化的交流，來促進人類「宗教生活之自由」，「一齊爲改善大陸宗教環境」而努力。〔註18〕而中共對此事務的看法又是如何呢？其在〈關於宗教方面對臺交往的規定〉中說：「爲了使海峽兩岸宗教界之間的教往活動健康地發展，既有利於增進彼此間的了解和情誼，又要保持高度警惕，防止臺灣當局利用宗教交往向我推行所謂『臺灣經驗』，進行政治滲透，國務院宗教事務局、國務院臺辦制定了《關於宗教方面對臺交往的若干暫行規定》。（中略）12、在有臺灣參加的國際宗教組織和這些組織舉辦的活動中，我宗教團體和個人必須堅持反對『兩個中國』或『一中一臺』的原則立場。在未妥善解決這一問題前，任何團體和個人均不得以我宗教團體名義加入該國際組織或參加其舉辦的活動。（1989 年 11 月 13 日）」〔註19〕總之，不僅大陸投資要保守，宗教交流也要有所分際，才不會因一廂情願的一頭熱，遭致損失而喪失交流投資的信心，影響到文化的奮進。因此，兩岸在交流與談判上，除了政府的政策之外，最要緊的是經驗分享，尤其是學者專家的研究更是重要。

　　面對全球化時代的來臨，由於對外開放已被中國視爲不可逆轉之發展方向。由上可知，自從鄧小平提出「和平與發展」國家大戰略後，尋求有利於發展穩定之國際及周邊環境爲當前中國外交主軸，因此中國外交之主要目標係包含以下三點：1.以國內議題優先；2.繼續開放以促進經濟之持續發展；3.維持外部環境之穩定；故自十五大與十六大之後，「和平」與「發展」等兩大主軸，已成中國最高指導原則，其領導人如江澤民與胡錦濤等，於處理外交事務或國際關係上莫不奉之爲圭臬，因此不論在面對政治、經濟（貿易）、外交等議題之談判時，亦皆以上述兩大主軸爲考量重心，其後中國之談判模式與策略亦與 1950 至 1960 年代明顯有所區隔。

　　至於談判，中國選定的議題上，也不難發現，仍舊是以「以通促統」來達成「一國兩制」之構想，議題的選定對其而言只是策略上的運用，並無眞正有心來解決兩岸的一些事務性問題。兩岸選擇的策略有所差異，中國企圖

〔註17〕鄒景雯〈南進政策爲何雷大雨小〉，85 年 9 月 6 日「中國時報──新聞透視」。
〔註18〕陳啓章撰《大陸宗教政策與法規之探討》「龔鵬程序」，頁 5。
〔註19〕前引書「附錄──大陸地區對宗教的政策指示及規定」，頁 151。

利用「經濟吸納、政治孤立」的戰略布局，強迫臺灣逐步接受其「一中原則」的政治框架；臺灣則是強化「臺灣主體性」的去中國化論述，避免在與大陸經濟整合的過程中造成政治磁吸。此外，兩岸均採用政經分離路線的交流策略，惟兩者仍有差異，中國之政經分離路線，係服膺著「透過經濟優勢建構政治規則」的全球化戰略；而臺灣則是基於對於國家安全的考量，設計出「透過政治的去中國化確保經濟開放安全」的政經分離路線（王智盛，2005：50）。中國對臺灣之戰略思維，雖因國際情勢變遷及兩岸關係變化而漸漸調整對臺之談判政策，然仍服膺於其較僵固之「主權」政治思維下，但為達其戰略目標，故仍不得不調整其談判結構策略。儘管臺灣和大陸均企圖利用全球化的契機重構兩岸關係，但由於意識形態理論基礎不同，也對應出不同的戰略定位。同時，在兩岸均具有「經濟整合將可帶來政治整合」認知之下，雙方卻採取截然不同的政治策略選擇，中國採取政治孤立臺灣，臺灣則是強化臺灣主體性。

原本兩岸談判的目的，只在於兩岸關係的確立；然而政治性關係，顯然是較複雜而多變，也因此必然是全體民眾均會注意和關切的課題。事務性就是不涉及主權改變的範疇，而政治性談判則完全以「主權」為主，然由於此兩個層次都涉及公權力之執行，本質上理應由官方去談，不過在今日兩岸關係中，由於仍有國家認同及政權定位的問題，尤其是在臺灣的客觀形勢下，才轉變成授權委託仲介團體代表公權力談判。兩岸之間由於歷史和現實的因素，有許多問題在解決上並不容易釐清「政治性」和「事務性」的分際，因為不論是臺灣或大陸都有泛政治化的傾向，而且兩岸對「政治性」的界定又有本質上的差異，所以有許多原屬事務性的問題結果卻被政治所羈絆，增加解決的難度，從而涉及彼此的現行政策，甚至升高為政治性之難題（楊開煌，1993：97-103）。

從兩岸的 ECFA 談判與簽署來看，政府不僅沒有解決臺灣的困境，尤其是經濟的良性發展以及降低就業率問題，反而促進了國內政黨間的爭端，且增長了中國對臺統一的企圖心；此外，兩岸的交流與談判，也未必能好好地處理兩岸分歧的宗教文化。〔註20〕因為兩岸在宗教文化的發展上，已經是大

〔註20〕劉仲宇在〈道教法術發展趨勢〉文中云：「中國政府已宣布了一國兩制、和平統一的方針，香港、澳門的回歸且成現實。以後即使臺灣的和平統一實現，由於社會制度的不同，祖國內地和港、澳、臺的道教組織不相統屬，道教，

異其趣，大陸在其保守性性、顧慮性的宗教管理政策之下，宗教文化的發展是選擇性與功能性；而臺灣對宗教文化的發展，則是多元性、民主性的全面開放，從重視傳統文化，從而尊重本土化，並把文化特質推進到華人社會，乃至於與國際文化作各式各樣的交流與創發。

三、統一與臺獨

在臺灣的人民當中，長久就存在著統一與臺獨的論調。而美國人的想法，又是如何呢？現今美國對兩岸的政策採取的是四大支柱原則，分別爲：（一）一個中國政策；（二）兩岸和平解決；（三）兩岸協商；（四）臺灣人民同意（兩岸人民同意）。前三項爲柯林頓總統任期內所宣示，在卸任前加上第四項，小布希上台後將第四項「臺灣人民同意」改爲「兩岸人民同意」，僅管文字上略有更動，但總體而言仍是美國對兩岸政策的一貫立場，此四項支柱至今仍爲美國對兩岸的處理原則，而其法理基礎爲《上海公報》、《建交公報》及《八一七公報》三項公報及《臺灣關係法》。但兩岸分治，已經很久了，所實施的體制與生活方式也大爲不同，古人說：「志趣不同，去取各異！」

（一）合群與獨立自尊

當前臺灣有很多潛在的危機，或說：「大陸人民碰到問題，槍口是一致的，讓臺灣人無機可趁，這才是危機。」臺灣今天最嚴重的問題，在於政治、經濟和心理層面上，都無法凝聚共同的願景。一群沒有願景的人，勉強湊合在一起，一定會計較爭奪，政府因此更加左右難爲；在某種程度上，政府不能提出願景，就等於給自己找麻煩，整個船在風雨中搖晃，這已不是誰下船而留下來的人就可以自己解決問題的時代了。就此，我們記起孫中山先生的遺言：「和平奮鬥，救中國！」

而獨立自尊常被誤解，也容易被野心家所利用來成爲奪權的口號。梁啓超先生在其〈新民說〉中，主張「文明之成人」，而非「野蠻之成人」。〔註21〕其思想可取處甚多，而孫中山先生的思想，則「想效法美利堅合眾國，把國內各民族熔爲一爐，以創造一個嶄新的民族，並以這個嶄新的民族去建設一

包括其法術的發展，仍然會保持一定的差異。」（2001 年 1 月，上海文化《道教法術》，頁 477）

〔註21〕《飲冰室文集》第三冊，頁 51。

個嶄新的中華民國。」〔註22〕當前的臺灣，統獨之爭囂乎塵上，自尊與獨立是當前國人面對國際社會時的現實心態與亟要思慮的處境。我們可以回味梁啓超的思想，梁啓超認同日本大教育家福澤諭吉的「獨立自尊」，為德育的最大鋼領。他認為國民若不能對自己一人自尊，則必不能使自己的國家自尊，則國家不能安立。而自尊之道有五：一、凡自、恩者必自愛。二、凡自尊者必自治。三、凡自尊者必自立。四、凡自尊者必自牧。五、凡自尊者必自任。但自尊者本人道最不可缺屈辱以依賴他人。」〔註23〕梁啓超認為能不能合群，是生物優勝劣敗、自然淘汰之總源。而不合群之原因大略有四：一為公共觀念之缺乏，二為對外之界說不分明，三為無規則，四為忌妒。若詳述之則如傲慢、執拗、放蕩、迂愚、嗜利、寡情。因此，人民當消除不合群之因素，國家民族才有希望。〔註24〕「因此，梁啓超反對當時的中國侈談世界主義，並且認為全國的統一與強而有力的政府是首要之需，自由與平等則是次要的，國民若一味地追求平等地位，則我們將無法立國。」〔註25〕雖然時空遷移、時過境遷了，但其思想如「論正統論者自為奴隸根性所束縛」〔註26〕及「中華國民」的概念，希望藉由國家認同，來加強民族間的團結，很值得我們關心國事者加以省思。

（二）分離臺灣與臺獨

對於美國承認中國與分離臺灣「腳踏兩條船」的政策，中共學者資中筠說：「美國的對臺政策目標，應該說一部份是有所得逞，就是長期阻撓中華人民共和國統一臺灣；一部份是失敗的，就是一勞永逸地把臺灣與大陸隔開，造成兩個中國或一中一臺。這樣就形成了幾十年來在著個問題上的僵局。直到 1972年尼克松總統訪華，在兩個政府共同發表的《上海公報》中提到，美國認識到，臺灣海峽兩邊所有的中國人都認為只有一個中國，臺灣是中國的一部份，美國對這一立場不提出異議。這標誌著美國對臺立場的一個重大轉變。但是這一轉變不是那麼徹底和乾脆，於是又有《與臺灣關係法》又有不時在國際上支持事

〔註22〕林明煌《憲法與立國精神》「第六章立國精神與憲制中的國家整合」，頁114。
〔註23〕梁啓超《飲冰室文集》第三冊，頁68～76。
〔註24〕《飲冰室文集》第三冊，頁76～80。
〔註25〕參見陳沛郎〈梁啓超的對內民族策略〉（民國94年3月，《弘光科技大學人文社會學報》第2期），頁117。
〔註26〕梁啓超〈論正統〉，饒宗頤《中國史學上之正統論》（民國68年10月，宗青圖書出版公司），頁248。

實上的兩個中國的作法等等。美國一些學者稱之為雙軌政策。跟據這一政策，美國同臺灣在沒有關係的前提下，保持了實質關係。」〔註27〕另一方面，在國黨統治時代，臺獨在美國十分活躍，在國會也有其代言人。何迪在《美臺關係十年》一書中稱，美國對臺政策存在著一定的模糊性，這種模糊性不利於臺灣海峽地區的長期穩定。〔註28〕

對於臺灣問題及臺獨運動，臺海的問題，不已單純僅是漢賊問題，她關涉到美國的國策，而臺獨問題又與國黨極權統治相糾纏不清。王曉波在〈美國霸權主義在臺灣〉文中說：「臺灣分離主義或臺獨運動，一直是美國對臺政策的要素，美國對臺政策則是美國對華政策和遠東政策的一部份。所以，要了解臺灣分離主義或臺獨運動，以及臺灣前途諸問題，必須要聯繫著美國的遠東政策和對華政策來看。（中略）1949 年，中共推翻了國民黨的中國政權，而成立了中華人民共和國；1950 年，韓戰爆發，美國與中國人民解放軍在朝鮮半島上兵戎相見。美國更不能將國民黨所退居的臺灣交給敵視美國的中共，也不能在國際上承認臺灣是中國的領土，而泡製了 1951 年《舊金山和約》的「臺灣地位未定論」但該條約沒有得到蘇聯和任何中國政府的簽署。（中略）韓戰之後，不論是苟且偷安或生計教訓，臺灣的國民黨政府在美國第七艦隊的保護下，開始穩定下來。美國一方面全力支持國民黨政府的反共政策，另一方面則在海外培養臺獨勢力，以備未來之需。海外臺獨有時亦向島內滲透。但是，對美國支持臺獨，國民黨政府一概視若無睹，統一口徑的宣傳乃『臺獨即共匪』」。（中略）70 年代美國對『臺灣地位未定論』的讓步，也失去了其『以共制蘇』的戰略前提。於是，前美國駐華大使李潔明說，『臺灣是中國的一部』的主權觀是落伍的，美國在臺協會理事長白樂崎也與之呼應，似乎又有恢復『臺灣地位未定論』的趨勢。」〔註29〕

臺灣的民主發展，竟然能改朝換代而不出亂子，但後續問題如臺獨、去蔣、去中國化、族群對立、經濟蕭條問題，讓人擔憂。周天瑋在〈臺灣民主對大陸的啟發〉文中說：「臺灣的民主坐在漂浮無根的憲法上，載沉載浮，是眾人皆知的事，所引發的亂象方興未艾，黑金擴散更是十數年人人親睹的沉痛。蔣去李繼的時刻，臺灣最常見的詞是亂；李下扁上的一年之後，臺灣仍

〔註27〕何迪等編著《美國對臺政策機密檔案》（1992 年 10 月 1 日，海峽評論雜誌社）
　　　　「序言」，頁 5。
〔註28〕何迪，前引書，頁 6。
〔註29〕《臺灣命運機密檔案》「序」，頁 1～8。

政爭不息，因之經濟實力無限內耗。若將臺灣民主的面貌放在秩序辨識機前，叫芝麻開門，答覆必然是芝麻不開。臺灣民主這個反面教材形成的原因是甚麼？族群衝突與兩岸關係的張弛是因素，但並不主要。」〔註30〕自己的問題，要自己解決。王曉波說：「除了美國霸權的對臺政策外，做為臺灣主體的臺灣人民，我們究竟要充當美國分裂中國的工具，還是要恢復作為中國人的本來面目。這是民族忠奸之辨，也是歷史光榮與恥辱的抉擇。」〔註31〕對於美、臺的處境，何迪等在〈今後十年的臺灣〉「美國的作用、利益與選擇」文中說：「臺灣面臨的矛盾，也就是美國面臨的矛盾。維持現狀，實際是逃避現實以圖苟安，等於沒有政策，放棄主動，隨著事態發展而漂浮。一個人腳踏兩只船，當船漂到某個時刻，就必須跳到一只船上，否則就會掉到水裡。如果仍是滿足於出現問題臨時處理並且希望誰也不要提，特別是中華人民共和國不要提臺灣問題，直到危機爆發，美國將發現臺灣不是一筆資產而是一個沉重的包袱。」〔註32〕

臺灣領導人李、扁為了因應臺灣內外部局勢，積極推動各項政策使臺灣走向臺獨之路，然被美、中認為是「麻煩製造者」、「麻煩人物」。臺灣的力圖革新突破，美、中反而要臺灣維持現狀，堅決反對臺灣國、民兩黨主張的「入聯公投」聲明。王資青在〈臺灣的生存之道不能單靠外國政府〉文中說：「中國大陸與臺灣是否要統一，干美國、日本什麼事，無非是他們不願見到臺灣海峽對日本的經濟利益，及臺灣島可進出太平洋對美國的戰略利益有所影響而已，絕不是因為在乎臺灣的本身利益而關心臺海和平。臺灣要走出自己的生存之道或找出最大利益，不論統一或獨立，都要靠自己的智慧和實力，而不能單靠外國政府，古人所謂：『非我族類，其心必異。』應有幾分道理，對中共又何嘗不是。」〔註33〕

中國人或華人的事，基本上還是中國人或華人自決，這是民族問題。不喜臺獨的李雲漢教授說：「就歷史發展現象而言，分久必合似已被認為是一種定律。就國人心理而言，統一是全體中國人的共同願望，除了極少數喪心病狂的臺獨份子外，沒有人不期望中國的統一。目前國人面臨的問題，不是要

〔註30〕2001 年 8 月 20～26 日《今周刊》，頁 9。
〔註31〕《臺灣命運機密檔案》「序」，頁 8。
〔註32〕何迪等編著《美國對臺政策機密檔案》（1992 年 10 月 1 日，海峽評論雜誌社），頁 14～15。
〔註33〕回復《商業周刊》718 期「發行人的信」專欄（醒醒吧！臺灣人）文。

不要統一、該不該統一；而是在何種條件下，於何種時可以實現統一，以及統一後的中國人居於一種什麼樣的地位？過一種什麼樣的生活？就全體中國人的心理趨向去觀察，毫無疑問的，大家都同意中國必須統一於一種優越的政治理論與制度之下，能使中國人過更美滿、更富足的生活。質言之，統一並不只是政權的更換，而是要依據全體中國人的願望，爲全體中國人開創一條生路。」〔註34〕

　　隨著全球化時代的來臨和中國經濟實力提升，中國正從過去「世界工廠」轉化爲「世界市場」，世界大國和亞洲鄰國都須從現實利益思酌，在中國和臺灣間做出選擇（楊潔勉，2002：18-19）。由此突顯出現階段其欲以經濟制約政治的全球核心戰略。儘管中國之「一個中國、一國兩制」對臺政策的最高指導原則並無任何鬆動，但其設定的「政治孤立」和「經濟吸納」兩大戰略，內涵上卻較以往靈活許多；其策略係將兩岸的政治與經濟互動切割開來，而有錢其琛在「江八點七週年」上談話中首度提出「可由兩岸民間行業組織就通航問題進行商談」（錢其琛，2002）之「民間談判」的模式。其於政治上雖仍強調承認「一中原則」才有協商餘地，而非政治領域則以「擱置爭議，相互尊重」爲原則，可由「民間對民間、行業對行業、公會對公會」之機制進行協商交流。惟其所謂民間、行業或公會，仍有官方色彩隱含其中；因此，無論政治或經濟談判，中國均掌握談判原則與戰略，致臺灣僅能被動參與。雖然「戒急用忍」主導九〇年代中期以後的臺灣大陸政策，但面對中國崛起和產業大規模西移的嚴峻挑戰，如何利用全球化的契機爲臺灣爭取優勢，已成爲政黨輪替後的政府刻不容緩的政策議題。

四、國家認同與主權

（一）國家認同

　　所謂國家認同，係指一個人爲了滿足其自身安全和歸屬感之需求，而自認爲本身屬於某一個業經建立或期望建立的國家之成員，同時自願爲這個國家奉獻自己的一切，並以這個國家爲榮；相對的，此國家亦會透過一切手段，來獲取其所有成員的認同。民國 38 年，國共爭權結果，大陸沉淪，中央政府轉進臺灣，中共政權於當年 10 月 1 日正式在北京開始了五星紅旗的統治；而

〔註34〕李雲漢《中國近代史》，「第十二章臺海兩岸的對比與展望～中國統一的條件、時機和遠景」，頁 419。

由中國國民黨全盤式接收第二次世界大戰戰敗後之日本所歸還的臺灣，憑藉
其一黨獨大的權威統治，以及戒嚴令的宣布等諸因素，鞏固了政權，故中華
民國迄今能屹立不搖於世界上；然而，就生活在中華民國政府統治權所及的
臺澎、金馬地區之人民而言，由於近幾年來，出現了「一個中國」、「一國兩
制」、「一國兩府」、「一中一臺」、「臺灣獨立」等數個政治口號或概念，致使
人民的國家認同對象產生了混淆。〔註35〕

　　臺灣的選舉文化，也很獨特，都是關涉到族群問題。張豐富先生在〈要解
決族群問題就必須先確定國家認同〉文中說：「奇怪的是，這些問題就有如吸票
機般地吸引著特定的支持選民，不斷地掀起民粹的激情；明知這些問題會帶給
我們社會嚴重的衝突與族群傷害，選民們還是一樣地隨著候選人起舞。想想原
因，只因為對國家認同出了問題。」〔註36〕當前深色的臺灣統獨人士，各持己
見，一主中華民國，一主臺灣國，充斥著每天的媒體版面及電視節目，讓人對
中華民國政府失去信心，對臺灣的主權與前途也莫名地徬徨起來，民眾到大陸
娶妻生子還說其是祖國；到大陸或世界旅遊，人問哪裡來的，答說是臺灣來的，
而不說中華民國來的。如今陳總統說：「臺灣是祖國！」乍聽之下，覺得怪怪的！
「照理說，同樣為百姓共同生活的國度，怎麼會有國家的認同問題呢？我們的
國家不是叫做中華民國嗎？為什麼有許多人都不願承認自己是中華民國人民
呢？」「我的觀察認為，是國人對中華民國太沒有自信、沒有認同感，也太沒有
歸屬感，不敢強調中華民國就是我們國家唯一的名字，結果讓有心人士製造了
一些似是而非的言論，迷惑了國人對中華民國的認同，減低了對中華民國的歸
屬感，所以才會產生所謂的族群問題。」〔註37〕國人到國際上不論從事何種活
動，已習慣用臺灣之名，以臺灣取代中華民國為國號，則是茲事體大的事，不
是用公投所能解決的。但臺獨大老對謝長廷說：「臺灣當前只有兩條路，只有正
名與入聯公投。」

（二）獨立與主權

　　中華民國孤懸海外，加上民國60年退出聯合國之後，說是被分離、孤立
了，但有識之士卻說：「臺灣早已獨立了！」這也是統獨之爭的著力點，因在
國際上國人用中華民國國號常被中共打壓，名號一直變更，如今又有中國臺

〔註35〕林明煌《憲法與立國精神》「第六章立國精神與憲制中的國家整合」，頁114。
〔註36〕《商業周刊》第719期，頁138。
〔註37〕同前註。

北與臺灣之諍訴。張豐富先生在〈要解族群問題就必須先確定國家認同〉文中說：「要解決族群問題，就必須確定國家認同，認定中華民國是一個主權獨立的國家，各族群間就會平等相待、互相尊重，達到族群的和諧，國家自然也就可以因認同一致，團結一心，而壯盛強大。」〔註38〕

中華民國如是一個主權獨立的國家，那為何難入聯合國？如今臺灣舉國不論藍綠都主張入聯公投，只是名號不同而已，但卻遭致美國、中國的反對，美方說：「臺灣非主權國家，難入公投！」中國國家主席胡錦濤說：「任何人以任何方式把臺灣分裂出去，就是臺獨！」中共既不喜美國分離臺灣的政策，也不樂見臺灣獨立，而說：不惜武力取臺，但不放棄和平！美、中阻撓中華民國進入聯合國，始料不及如今臺灣人會走向「正名」與「入聯公投」之路，成了美國與中共無限的憂思與沉重。芮正皋在〈中華民國退出聯合國始末〉文中說：「中華民國不參與國際組織，是國際社會的損失，反足以延遲中國的統一，產生海峽危機。只有平行參加聯合國及其他國際組織，一如過去的東西德，目前的南北韓，始能有利於海峽兩岸和平，才能在階段性的『一個中國、兩個現實』的和諧過程中，逐步邁向兩岸所共同主張並追求的『一個中國』和『中國統一』的最終目標。」〔註39〕

以中華民國名號入聯合國，在臺灣顯然已走入了歷史的遺跡，國人正思考的是新名號，這一點統獨是一致的，只是一為臺灣，一則說法模糊。主張臺灣獨立，就政治立場而言，當然會形成「一中一臺」的局面。在極端的臺獨者內心裡，甚至連文化的中國、血緣的中國、地緣的中國、歷史的中國，他們都不能、也不願認同。因為在他們看來，中國自古以來就把臺灣當邊陲，甚至一而再、再而三地拋棄它，使亞細亞的孤兒，況且臺灣的人種業經滲入了東南亞土著、荷蘭人、西班牙人，乃至日本人的血統，故已經不再是單純的漢人，其文化也揉合了移民文化、殖民文化、海洋文化的特色，不再是中原文化了。因此，主張這樣的新的民族，在這塊新的土地上，自然應該建立一個新而獨立的國家。〔註40〕

除此之外，在臺灣還有一層國家認同上的困境，那就是為數 35 萬原住民，還有外籍新郎及其所生的孩子為數也是數十萬，還有世界各國申請來臺學中文

〔註38〕同前註。
〔註39〕民國 85 年 9 月 6 日《自由時報》。
〔註40〕施敏輝《臺灣意識論戰選集》（民國 78 年，前衛出版社），頁 93～96。

的大人小孩，遲早也會多人歸化入籍。臺灣原住民當然不可能去認同中華人民共和國，或其所代表的中國，但是也對中華民國忽略彼等生存與文化，也頗表不滿，更何況原住民還有族群認同問題，此為政府亟應解決的大事。〔註41〕這些問題，也常在臺灣各項選舉活動中呈現出來，可以預見 2008 年的總統大選，正名與加入聯合國還真的會是兩個重大議題。在中國民國憲政體制下，獨立與主權不僅是政治問題，同時也是政治與宗教間的問題，在宗教自由的前提下，宗教有其應有的權利與義務。〔註42〕2012 年的選戰，則在原點上打轉。

五、臺灣的危機

（一）中國打壓

眾所皆知，中國對臺政策自改革開放以來，即服膺於「一個中國」的基本原則之下，並以「一個中國、一國兩制、和平統一、不放棄武力犯臺」作為其對臺政策方針，而其「一個中國」原則，是指世界上只有一個中國，中華人民共和國政府是代表中國的唯一合法政府，臺灣是中國的一部份。所謂「一國兩制」是指，中華人民共和國政府是中國的中央政府，臺灣政府是中國的一個地方政府，臺灣沒有主權地位。

即使江澤民於 1995 年提出「江八點」，成為中國對臺政策的指導性行動綱領，但其思維邏輯仍僅止於兩岸間的互動與定位，強調以交流促進協商、以經濟促進政治的「促統」政策。但隨著李登輝「兩國論」的提出、陳水扁於 2000 年當選總統後，兩岸關係似乎漸行漸遠。儘管中國對「一個中國」的基本認知並無改變，但隨全球化時代來臨，也不再僅以「國共內戰的延伸」的歷史思維來解構兩岸關係，而是從全球戰略和世界格局的高度來重新審思對臺政策。

中國在全球化下對兩岸關係定位和對臺政策的戰略布局，係在全球化戰略的架構下，與過去僅在兩岸層次的思考有極大差異。中國企圖成為全球化下的「開放型經濟大國」（胡鞍鋼、常志霄、張軼凡，2002：123-128）和亞太地區的區域強權，其在對臺政策上，一方面藉由內部經濟產業分工的比較優勢，深

〔註41〕林明煌《憲法與立國精神》「第六章立國精神與憲制中的國家整合」，頁 117
　　　　～118。
〔註42〕參見林本炫《臺灣的政教衝突》（民國 79 年 8 月，臺北稻香出版社），頁 131
　　　　～140。

化對臺經濟的磁吸效應，以經濟利益施壓臺商在政治上支持中國的立場、反對臺灣的立場，一方面則是利用逐漸崛起的國際政經優勢地位，主導重劃亞太區域的政治板塊，逐步將臺灣在國際政治版圖邊緣化、孤立化，不斷破壞臺灣與我們邦交國之間的關係，阻止臺灣加入聯合國、世界衛生組織及其他國際組織，在國際社會上對臺灣兩千三百萬人民進行政治隔離。儘管中國對宗教的打壓，臺灣的宗教因為對根源的留戀，還有宗教信仰的熱忱，宗教團體還是不怕危險與艱難，前進大陸去傳教，馬祖進香就是一個實例，也迫使大陸當局在策略下調整其文化上的部份開放。所以危機，有時也是一種轉機。

（二）內部紛爭

　　至於中國對臺灣的主權問題，方豪教授在〈從歷史文獻看中國在臺澎的主權〉文中說：「中國之通臺灣、澎湖，自文獻言之，或可上溯至三國時代，乃至更早，但就主權言，最早恐只能推到宋朝。」又云：「中國在臺灣的主權，嚴格言之，當在鄭成功逐出荷蘭人以後，即明永曆 15 年（1661）；此後，又由於鄭氏投降，臺澎轉入中國清朝版圖，直到日本佔領時止，亦迄未有間斷。」〔註43〕臺灣的主權，也涉及到外來政權在臺灣的問題。

　　自從國共在海峽兩岸分治以來，中華民國政府和中共當局俱宣稱「中國只有一個」，然而中華民國政府業經喪失了對中國大陸的統治權，其統治權所及之地域，僅有臺澎、金馬等自由地區；而中共政權則自民國 38 年 10 月 1 日在北京建政之後迄今，從未統治過臺灣。因此，如果要生活在臺澎、金馬等地的人民，認同他於他們的國家，究竟要認同於哪一個政權及其所代表的中國？實在令人民產生困惑，因此雙方政權之說均各有一些道理，但都不周全，亦俱不合事實。〔註44〕臺灣是一個主權獨立的國家嗎？陳茂雄教授說：「臺灣的危機是絕大多數國家認為臺灣是中國的一部份，不是一個國家，兩岸的爭端變成內政問題，他國連軍售臺灣都有困難，然而臺灣問題並非來自中國，而是出自臺灣的執政黨，連臺灣政府都發出和對岸中國政府同樣的聲音，他國憑什麼幫臺灣爭取主權？」「若多數的選民有獨立建國的理念，國民黨就會改變態度。支持獨立建國的在野黨應以宣揚理念為主要目標，選舉次之，若走選舉掛帥的路線，為爭取選票，只得符合選民需求，隨之腐化，那還談什

〔註43〕《方豪 60 至 64 自選待定稿》（民國 63 年 4 月臺灣學生書局），頁 248。
〔註44〕林明煌《憲法與立國精神》「第六章立國精神與憲制中的國家整合」，頁 114
　　　　～115。

麼獨立建國。」〔註45〕

統獨之爭十多年來，經過政黨輪替，中華民國是否為一個主權獨立的國家？在阿扁口中說了多年，而其言仍在耳，如同國黨的宣言，中華民國是一個主權的國家，但民黨人士就國際關係以說「臺灣不是一個主權的國家」。以釣魚臺為例，臺灣當局主張該列島是中國的固有領土。李介在〈遵守國際法規範才能贏得友誼〉文中說：「釣魚臺既是臺灣附屬島嶼，其歸屬應與臺灣的地位一致的，只有領有臺灣的國家才有權主張領有釣魚臺，故其爭議與中國（共）完全無關。在1978年中國企圖介入釣魚臺紛爭時，日本即強調釣魚臺是附屬於臺灣的島嶼，縱令日本先佔不能成立，其所屬亦與中國完全無關；日本對臺灣主權是屬於中國尚有爭論，更何況是臺灣的附屬島嶼。此舉使中國知難而退，深知須先染指臺灣主權才有資格介入釣魚臺紛爭，此亦為中國此次保持低調的原因之一。」〔註46〕臺灣的問題，關涉到許多的課題。

林濁水主張，臺獨運動伴隨著民主選舉，「更動了政府的代表性——只代表臺灣人民，不再代表全中國，因此既造成臺獨化，也造成民主化。」「所以建國者不能純講臺獨，最好還兼通其他公共政策做為媒介。」〔註47〕臺灣內部的紛爭，其實不限於政黨，在宗教上也是多見；臺灣在威權時期宗教間競爭激烈，但隨著解嚴以及跟大陸文化交流以來，這種分爭被轉移了焦點，因為大陸有廣大市場的關係。由是臺灣人的生存發展，形成臺灣問題的核心。

（三）正名問題

在李登輝時代，仍一貫堅持在兩岸問題上追求「對等承認」、「務實外交」的政策不變。臺灣的民主政治發展，已經使得中華民國這一國家達到與臺灣社會一體化的國家社會結構，與海峽對岸的中華人民共和國存在於一非內戰、非統一的分裂狀態，各自擁有部分的分裂主權，一個中國只是一個理想。〔註48〕一個中國為指向的階段性兩個中國。〔註49〕既然是「階段性的兩個中國」，在和平統一之前，臺灣與中國大陸當然是對等的，也當然應該在國際社

〔註45〕民國85年11月12日《自由時報》7「自由廣場·綜合新聞」。
〔註46〕民國85年9月24日《中國時報》11「時報廣場」。
〔註47〕林濁水〈多一點平實少一些傳奇和壯烈——臺獨運動目的和手段的矛盾〉，民國85年9月16日《中國時報》11「時報廣場」。
〔註48〕《聯合報》，1994年8月10日，頁1。
〔註49〕《聯合報》，1993年11月20日，頁1。

會中享有客觀的主權國家地位和平等的參與。〔註50〕臺灣政策上的轉變，讓大陸深感憂心，說要以武力恫嚇是必然的。臺灣更進一步把腳步踏向國際舞台上，王世英說：「國民黨近年來國家政策的變化，特別是深化從 88 年開始的務實外交，並在 93 年明確地以分裂國家模式重返國際社會，背後所反映的，很大程度便是『中華民國在臺灣』這一自由主義公民國家的漸次形成，帶有強烈的客觀必然性。」〔註51〕

　　民黨執政時曾推行：「牽手護臺灣，加入聯合國；公投入聯，走向臺獨。」而國黨堅持中華民國是一個主權獨立的國家，以何名入聯公投，仍不離中華臺北或中國臺北的選項。可見要解決臺灣族群問題，就必須先確定國家認同，入聯公投，以認定臺灣是一個主權獨立的國家，正名之後，自然能與中國作區隔，成為「國與國之間的關係」，乃能爭取國際的同情進而獲得其承認，國人團結一心，發展經貿，改善人民生計，使國力強盛。以中國是祖國，還是以臺灣為祖國，實要透過民主運動加以實現，而不能淪落於選舉時政黨騙取支持的口號，此為臺灣問題之首要，有國際承認的國家才有實質的主權。當前的美國、中國、日本都不把臺灣當成是一個國家，如民黨推展「入聯公投」，因日本沒表示意見，陳總統很是感謝，日本人說：「這是你們的家務事，感謝什麼？」「入聯公投的條件是國家。」臺灣人有國有家，卻被說成有家無國。

　　謝劍教授在〈臺灣地位早已確定〉文中說：「最近美國官員的談話，稱臺灣或中華民國都不是國家。前民進黨立委林濁水在 4 日民意論壇作了定性分析，認為『這根本就是臺美斷交以來的美國從未公開的底牌：臺灣地位未定論。』筆者認為這是一種誤導。從法理上說，無論是從國內法或國際法，臺灣明明白白是中國的一部份。」〔註52〕臺灣有很多人還是在情感上認同：「臺灣是中國的一部份。」但國際現實狀態，卻不如是觀。劉屏在〈美國兩邊畫線都是考量自身利益〉文中說：「（聯合國 2758 號）決議案只是驅逐了中華民國代表，既沒有宣告中國民國終結，也沒有結束臺海兩岸爭議，更沒有承認臺灣是中華人民共和國的一部份。（中略）時至今日，在臺海兩岸互不隸屬的現實上，即使大多數國家在法理上承認中華人民共和國是中國唯一合法政府，但事實上卻必須正視『臺灣不屬中華人民共和國管轄。』（中略）美國行

〔註50〕王家英《臺灣近年外交政策的趨向》，前引書，頁 39。
〔註51〕王家英，前引書，頁 29。
〔註52〕民國 96 年 9 月 5 日《聯合報》A19「民意論壇」。

文聯合國，固然是對臺灣展現善意，但或許也給了中共下台階，因為中共內心並不願把臺灣這個『內政議題』搬上國際論壇。所謂提案要求各國確認臺灣是中華人民共和國的一部份，虛張聲勢可也，投票結果固然亦可預期，但是只要排入議程，展開辯論，就是臺灣的心願得償了。」〔註53〕

民進黨曾通過「正常國家決議文」，最後還是刪除了「正名制憲」，兩岸的關係，又回復到美、日兩國樂見的「維持現狀」的局面。對此，曾薏蘋在〈政府務虛不務實民生擺一邊〉一文中批判地說：「如果加入聯合國是馬上可以做到的事，不會有人反對動用舉國資源全力一搏。但在明知入聯非一朝一夕的情勢下，扁政府仍然動用全部資源，鋪天蓋地為入聯公投造勢，這些行政資源運用合理嗎？全國各機關總動員究竟務實還是務虛？答案其實很清楚。」〔註54〕國家的正名問題，不僅是國際政治問題。

臺灣國家政策的改變，也反映出臺灣的公民意識，Andew Nathan 於 1990年就說：「臺灣的政治改革改變了中國過去對臺政策的基本假設，即國民黨有能力單方面與中共討論臺灣的將來問題。民主化已使臺灣政治複雜話；現在，沒有島內民眾的支持，國民黨根本不可能與中共達成任何協憶議。由於統一會對臺灣人民帶來巨大的風險，這新的政治現實使北京過去所提出的任何統一的條件看來都是有問題的。」〔註55〕政治與社會的變化，也使宗教民主化、公民化；宗教在臺灣，早期也是有正與邪、民間信仰與制度性宗教、傳統信仰與新興宗教的問題，但在宗教信仰自由的前提之下，宗教性的正名問題，要靠信仰者或教團自己去努力。

（四）開放問題

臺灣政策的變革，使得大陸政權在國際上進行反擊，從此北京與臺灣展開了激烈的外交之爭；同時以「白皮書」、「江八點」重申北京對臺北推動對等承認、務實外交反對，一面兩岸交流、對談上不斷地提出一些善意措施。王家英說：「臺北指向中國大陸」而展開的活動策略，是促使華人民共和國承認臺灣為一對等的政治實體，並以此為基礎推動兩岸關係的正常化和規範化。」〔註56〕兩岸政治的匯合，雖然不及於經濟與文化上的活動。

〔註53〕民國 96 年 9 月 5 日《中國時報》A4「新聞焦點」。
〔註54〕同前註。
〔註55〕王家英，前引書，頁 28。
〔註56〕王世英，前引書，頁 33。

面對內、外經濟的新情勢，多數人士盼望政府能採取「積極開放」的大陸投資政策，以提升臺商運籌能力及總體經濟競爭力。但是，也有不少人擔憂，一旦放棄「戒急用忍」政策，可能加速資金及產業外移，進而影響國內景氣及增加失業問題。再者，兩岸產業分工已逐漸從互補走向競爭，加上中國對我仍有敵意，因此，國家安全仍是大陸投資不能忽視的問題。鑒於過去「戒急用忍」的圍堵策略，並未有效遏阻若干企業循其他管道迂迴前往大陸投資，因此，政府認為在「積極開放」的同時，必須建立經濟安全新策略，配合開放措施，以透明化、制度化的「有效管理」，建構大陸投資的安全網，提升整體經濟的安全係數。

開放大陸旅客進入臺灣消費，可以促進臺灣觀光產業發展，但不可否認的是，讓大陸觀光客來臺也是直航議題的延伸，政府仍將有諸多考量。春節包機、節日包機、乃至於未來常態包機化政策，在兩岸達成共識並逐步實現之狀況下，乘客不可能僅是臺灣人，若如此，航空公司將可能會有虧損，依照兩岸航空公司之算盤，擴大客源之基礎才是最有利之作法，因此航空公司不會反對此議題。除此之外，中國也想利用開放大陸觀光客來臺，以便順理成章達成「兩岸直航」（三通之一）、「以通促統」、「一國兩制」的終極目標。而國人也有人在思考：「透過宗教上的文化交流，促成未來統一上的契機。」開放不僅能使兩岸政權，在國力上見真章，也能促進人與人之間的合作，以及心靈上的交流。

六、統獨與佛教發展

大陸來臺的僧人，雖然初時反共之心很是強烈，但歸根究底來說他們之中不少人的心還是嚮往「祖國式的佛教」，對於臺灣「僧無僧、俗不俗」的佛道現象以及神壇現象、居士佛教、尼眾勢力，還是很在意的。〔註57〕由惟覺、星雲法師〔註58〕等僧人，之著重與大陸佛教密切往來，可以窺見其情執；此

〔註57〕 參見釋白聖〈東臺灣半月弘法記〉，《白公上人光壽錄》「民國42年」，頁281～300。

〔註58〕 星雲法師重視用音樂與文學來弘化，以及親近本省人之善巧，與傳統的大陸僧人如白聖、聖嚴不同，因此走上各自弘化之路。《白公上人光壽錄》「民國56年大事——教團」，頁554～555云：「臨濟寺中國佛學院第2期於佛誕節開課，白公院長致訓云：『同學需要互助合作，不可相互爭吵，爭吵有失出家人風範（中略）。八、出家人重在修學佛法，文學不過補助而已，故對世學的追

外，大陸來臺的僧人，在本土弘化上，面臨到較注重外省人而忽略本省僧人的問題，也曾經受過質疑，這也是使得本省民間信仰崇信不減的因素之一。

　　人間佛教在臺灣之所以能發展，部份因素是教團肯接納民間信仰、融入本省根性與習性所促成的，美其名是正信佛教，其實說的多是「聲聞法」，是大乘佛法的方便行，使之能跟民間的新興教派如一貫道、神壇、鸞堂等相較量。解嚴之後，宗教活動開放，在民眾經濟能力好、重視心靈成長、注意休閒養生之下，臺灣宗教徒的遊宗、實惠性的活動成了社會性的生活常態，各宗教團體或寺廟真正的信徒有幾人，誰都難加以計算，信徒的重疊性高。「遠來的和尚會唸經」，在宗教狂熱過後，民眾的心又回歸到日常生活之上。隨著政黨輪替、近年來的經濟蕭條，宗教與政治之間的戲碼，在媒體上不亂地上演，「祖國宗教的情懷」、「去中國化的本土覺醒」，在教界與學界已經變成不需要再爭執、再討論的課題，當前是各作各的，才有市場，才有願景。

　　由於臺灣僧尼不論在住持廟宇或者是行化上，一直注重人治，個人主義的結果產生了山頭主義式的新興教團，統〔註 59〕或獨的問題在佛教內部早就存在很久。〔註 60〕對於臺灣的統獨以及佛教的生態問題，江燦騰說：「臺灣地區在解嚴以後，在政治上的鉅大變化，使得佛教界在各方面也受其影響，而發生鉅大的變化。首先，從海峽兩岸的宗教交流，可以看出兩岸宗教處境的差異，以及在政治意識形態主導下的雙方互動關係。統獨問題，雖未在佛教界的兩岸交流中，形成溝通的重大障礙，但在大陸政教一體的管制體系下，政治立場的堅持，是不可能放棄或改變的。在現階段，則雙方都以變通的方式在交流。有朝一日，總會『圖窮匕現』的。這是我們不能不繼續注意的未來課題。其次，解嚴後，使臺灣地區的全國性佛教組織，形成多元化的現象。過去在戒嚴時期，長期主控中央領導權的『中國佛教會』，開始步向式微和接近瓦解。傳戒的決定權，也逐漸被其他系統的寺院瓜分了，更造成對僧侶領導權進一步的沒落。反之，大型的國際佛教組織，正方興未艾，『中華佛光協

求，不宜過於熱衷。八、現在我聘請聖嚴法師戒律，希望你們注意聆聽，俾使助長威儀，提高僧格。』」
〔註59〕白聖長老在中國佛教會的努力，參見《白公上人光壽錄》「民國 52 年」，頁 466引樂觀法師為白聖法師祝壽文，刊於《中國佛教月刊》「白聖法師六十大壽祝壽專號」上。
〔註60〕關於政府播遷來臺時佛教界大陸僧人的生態與教界問題，《白公上人光壽錄》「民國 40 年」，頁 270。

會』就是最具代表性的例子。在此同時，本土化的呼聲，也逐漸抬頭。表現在佛教的抉擇方面，是原始佛教的提倡及其日益的受教界重視。表現在政治立場，則傾向鮮明的『獨派』色彩。而『本土化』和『主體性』的強調，則結合前述兩者，構成『新臺灣佛教』的概念內涵。」〔註61〕總之，解嚴前的佛教界對內對外，忙著應付各項問題，最後各走各的路數，發展自己的信眾與志業；解嚴後的臺灣，政治變化很大，佛教也在變化，跟之前做比較是老者多已凋謝，新苗卻是初長成，說其變化是好是壞，目前學者仍在評估、觀察當中。進一步的結論，要看今後數十年的發展才能更明朗化，因為在兩岸的統獨問題未有決定之前，誰也無法預料。

　　從中國佛教史來看，民國以前的中國佛教是在專制王朝下生存發展，佛教中國化很深，佛教在僧官體制下生存發展，政教衝突實不可免而產生諸多的法難。民國以後，專制王朝解體，僧官體制也不在了，佛教在國人的心目中變得是一個突出、顯眼又似是消極不盡人倫、非科學的信仰，而遭到非議與破壞。佛教從此在統與獨之間擺蕩，因受到南方革命政權的適度保護，佛教從此變成一個護國護教的教團，政府播遷來臺迄今也是一樣。當今佛教的問題，不論是內部還是外部問題，依然受到統與獨的問題所影響，這統與獨包括跟政權的關係、教團間的關係，這使得佛教在臺的發展處於人心緊張、眼界深廣、處事明快、自我心強、教化善巧、變化要穩，這些都是教團得以在現代化環境中存發展的特質；佛教如此，其他新興教派也是一樣，也使得佛教在行化時，在要思索外道的腳步，不僅他山之石可以攻錯，也顧慮到宗教的市場、生機與進路。惠空法師在《臺灣佛教叢書》「總序」文說：「佛法流佈中華兩千多年，兩千年中漢傳佛教在中國大地上教化，利益無數眾生。然而中國佛教從隋唐的興盛、宋朝的清勁，到明清的衰弱，乃至近代以來受帝國主義侵略、民國軍閥戰、日本侵華、國共戰爭、文化大革命等摧殘，現今中國佛教可說凋零萎靡。綜觀近世北傳佛教發展，越南、韓國都亦受戰爭衝擊，日本佛教已在家化，大陸佛教又殘破不堪，唯有臺灣佛教在二次大戰後之二十世紀後延續和傳佛教命脈。尤其臺灣佛教經過現代化、工商社會之人類文明最大轉變期，不僅適應此一文明劇變，亦且轉型出具一定生命力！現在印度佛教正在重生，東南亞各國佛教亦隨政治安定而發展中，大陸佛教

〔註61〕江燦騰〈解嚴後的臺灣佛教與政治〉，《佛教與中國文化國際學術會議論文集中輯》，頁524。

也積極復興而略有規模，臺灣佛教向外看到中國大陸，看到二十世紀世界三大區塊之復興，看到地球村世界，我們要面對世界文化交流，勉為佛教三大區塊的復興，面對三系佛教交會，面對佛教在二十一世紀重新融合、重新在世界發展契機。所以有必要反省光復後六十年之臺灣佛教所走過痕跡：『一路上如何走來？曾經遭遇什麼困難？現在站在什麼位置？將來會面臨什麼問題？如何繼續往前走？』因為臺灣佛教這股生命力要繼續延續，我們這批年輕出家人必須靜下心、停下腳步回頭看看師長、師祖輩走過的歷史，將這段活生生的生命經驗、這段傳統佛教過渡在現代工商社會之轉型，做一總結。」〔註62〕其把臺灣的漢傳佛教，說成是世界佛教的第二母體，跟本土意識者的看法很不一樣，此外臺灣的佛教，並不只有漢傳式的佛教；他把大陸的佛教稱為臺灣漢傳佛教的母體，則臺灣的佛教是大陸佛教的延伸了，那其他佛教教派在臺灣的發展其地位又是如何？再次，二十一世紀大陸的漢傳佛教必然發展成為世界佛教的重要主體，未免過於樂觀且為中共統治下的宗教作宣傳，那或指未來臺灣的佛教適必會被大陸佛教給消融去了，其立論是否著眼於臺灣式的或者是中國式的為將來大陸佛教的精神核心，則沒有明言。有了第一母體、第二母體之外，是否第一母體早就消失了，大陸未來發展成的佛教是重要主體，那置藏傳與南傳甚至印度佛教、其他國度的佛教於何地呢？這些地區佛教的發展，要聽臺灣漢傳佛教的諍言，而未來在中國的佛教興發時其他國度的佛教都變成中國佛教主體下的次要體系，近年來這種祖國式的立論在臺灣真的少見了！佛教能立足於世，在法在人，不在於走過多少的足跡，說信仰的情緒話的同時，反思各教團的教法跟教理，〔註63〕真的能契入來問學的佛子心地否？！有為的佛法總是隨著四相在遷流，佛子的真心不變，隨緣善巧之故乃能發揚宗本，佛教必然興盛。再次，臺灣的佛教徒，不只僧尼兩眾，還有居士與附佛外道，亦不能忘其對佛教發展之貢獻。再次，古來佛教中人寫史傳，以經律論、戒定慧為先，再者興福，又次異行；今之作傳者，除了傳主生平之外，列之以僧伽、教團、社教與政經為輔；本末明了，幹枝一體，花葉茂生，以示佛法之活水，源流不絕。如從法不孤立仗緣

〔註62〕釋惠空《臺灣佛教叢書》「總序」，《圓光新誌》第89期（民國95年9月，圓光雜誌社），頁71～73。
〔註63〕釋法藏在〈彌陀要解五重玄義講記（九）〉，《圓光新誌》第89期（民國95年9月，圓光雜誌社），頁45～46。

以生的觀點來看，講臺灣佛教發展史從佛法興起的環境生態說起，則亦是可行的，但不能忘了佛法的精神、宗本與門風，才能顯發出臺灣佛教發展上的一些特質。

七、結　論

　　自從海峽兩岸分治以來，中國分裂爲二，一是中華民國，一是中華人民共和國，在聯合國發生所謂「中國代表權」的爭議。中華人民共和國在國際上，極力爭取友邦的認同。「1961 年起，開始討論代表權案，但大會認爲代表權案係重要問題，需適用憲章第 18 條 3 分之 2 的多數始能通過的規定。到 1970 年，支持中共入會的票數首次超過半數，終於 1971 年 10 月 25 日，聯合國第 26 屆大會在表決重要問題程序案時，我方以四票之差落敗，也就是使用 3 分之 2 多數表決的防線潰決。」「事實上，聯合國 1971 年第 2758 號決議，嚴格說來，就法律觀點而論，根本不適用在臺灣的中華民國，因爲決議案根本未提『中華民國』或『臺灣』字樣，決議僅稱『驅逐蔣介石代表』。而且該決議並未解決中國問題，中國依然分裂，充其量，僅解決了部份中國代表權問題。大陸中國人民固然可由中共代表，但中共不能代表在臺灣的 2130 萬人民。後者在聯合國沒有自己的代表，這是違背人權、違背會籍普遍化原則。」〔註64〕

　　國人就實際的現實層面，來談論臺灣的主權與定位，但對岸的中國卻善用矛盾理論，他將矛盾性質區分爲對抗性之矛盾與非對抗性之矛盾；臺灣與中國之間的矛盾，從矛盾性質來看，這是對抗性之敵我矛盾，依「矛盾律」之定義，二者間的矛盾不僅是普遍的和絕對的，而且也是無法調和的和相對的存在，因此中國對臺灣之「和談」策略攻勢，不是解決敵我矛盾之應有方式，而是一種矛盾騙局。

　　在孤立的年代，臺灣舉國「莊敬自強」，發展經濟，推動務實外交，創造了所謂「臺灣經濟奇蹟」。解嚴之後，黨禁解除，媒體逐漸自由化、專業化，臺灣多元文化逐漸形成。在各級選舉中，族群議題與民主聲浪高漲，廢除舊國代以及凍省的到來，還有總統由全民選舉產生，臺灣的民主運動，逐漸擺脫中國舊政權的陰影，臺灣已獨立，臺灣是祖國，臺灣是國家，就在這種情況下產生。

　　對於兩岸的局勢發展，中國則要求「和談」，其和談是把敵我矛盾轉移成

〔註64〕芮正皋（中華民國退出聯合國始末），民國 85 年 9 月 6 日《中國時報》。

內部矛盾，與臺灣取得暫時妥協，以便集中力量處理本身之內部政經難題；此外，其亦藉與臺灣妥協，轉化內在矛盾爲外在矛盾，以便集中力量對付其所謂之「外國勢力」；另外，基於「矛盾轉移」之理論，中國目前對臺「和談」之宣傳策略是武裝解放臺灣之轉化，是未來武力解放臺灣作轉化和準備工作，故與臺灣談判，並未解除中國以武力犯臺的可能性。至於臺灣與大陸分離、分治，原是時代的產物，我們姑且不論美國、日本的分離主義。如同謝劍教授說的：「從法理上說，無論是從國內法或國際法，臺灣明明白白是中國的一部份。這一中國，絕對不屬於任何政黨，借用前李登輝的一句話，何其不幸，現況是因內戰形成的一個分裂的中國。」「到今天爲止，國際法上還找不到任何一項『臺灣地位未定』的正式文件。」「臺灣地位確定已定，它是分裂中國的一部份。以現況來說，統獨都是死胡同。」「在一中的框架之下，只要能爲島上人民帶來尊嚴和繁榮，又有何不可？今天島上同胞需要的是某種國際空間，其他方面均比中共專政下的大陸好得太多。」〔註65〕在北京的立場，臺灣無主權可言，在統一模式之下，容許臺灣擁有較香港更高的自治權。至於香港人對此看法又是如何，王家英說：「香港市民有頗強的中國人認同感，而且也比較傾向認爲臺灣地區人民屬中國人或同屬臺灣和中國人，基於這樣的看法，政治上他們較不支持臺灣獨立，較希望臺灣維持現狀。」〔註66〕

總之，要解決族群問題，就必須先確定國家認同，是一個獨立的國家當然有其實質的主權；當前現實情況是，臺灣不是國名，臺灣當然不是一個主權獨立的國家，陳水扁、馬英九都是中華民國的總統，是全民直選出來的。說中華民國不是一個主權獨立的國家，更是一個弔詭的政治話題，不論從美國或民進黨臺獨分離主義人士的口中說出，也不足爲怪。

臺灣太民主、自由了，人民太享有言論的自由，所以臺獨份子說的話，對某些人來說實在是不中聽的，也不用說臺獨份子眞的很「喪心病狂」。〔註67〕自從兩岸交流以來，統一論調在臺灣也一直在發酵，中國臺灣也有人在說，如此思想的人想必更多，甚至已喊出：「兩岸只有中國人，沒有臺灣人。」

當前政府要在國際上發展、競爭，當注意民生議題與公共措施，不能提

〔註65〕謝劍〈臺灣地位早已確定〉，民國96年9月5日《聯合報》A19「民意論壇」。
〔註66〕王家英《回歸一年的港臺關係發展——香港市民的觀點》，頁33。（1998年8月，香港海峽兩岸關係研究中心）
〔註67〕李雲漢《中國近代史》，「第十二章臺海兩岸的對比與展望——中國統一的條件、時機和遠景」，頁419。

出願景，也不要一直給自己找麻煩。此外，臺灣的生存之道，不能單靠對岸
政權與外國政府的權宜之策，要自己尋找出路，當知：「操之在己則存，操之
在人則亡。」郭冠英事件，或許能讓國人明瞭臺灣人不是臺巴子、呆胞，也
不是生在中國的臺灣省；國家是中華民國，臺灣人生而平等、自由、民主，
無人比其他人生而高級或是高貴；國人也唯有自尊自重，無人比他人低賤，
因為一個人的格調與成就靠自己努力去掙取得來的，國家亦然。

　　其次是，中華民國是一個主權獨立的國家，本為臺灣人所該堅持的，我
們憲法中有明文規定，但如今有些國人動搖了心志，甚至有人出書矮化自己，
把中華民國說成是臺灣地區。中國人與臺灣人兩術語之異同，是近十年來兩
岸政治發展的趨勢，兩岸在某些層面上不同，是不爭的事實。兩岸的華人，
是否會如某些宗教家、政客或者是人民所說所期盼的—來往久了，會統一在
一塊。兩岸目前是分治，是否會統一、何時會統一，這是難以預料的情事，
當前兩岸經濟合作的議題亦然，或有人說「中國經濟已陷入硬著陸的危機」，〔註68〕
而我們真正要關心的問題，不僅在「中國著陸的程度有多硬」，〔註68〕而在國
家的認同與國家的定位上。中國對臺灣的態度，一向很強硬，狂熱於前進大
陸、錢進大陸者，真要審細。

　　再次是，美國人多年來一直在堅持「一個中國原則」，以維持其「策略模糊
的現狀」，避免兩岸造成衝突，以保持臺海的穩定。〔註69〕而政府播遷以來，在
臺灣的所謂本省人或外省人，都有很深的危機意識存在，不僅在政治與經濟、
文化等層面上，造成了省籍衝突。〔註70〕臺灣獨立議題，從不可說破的層面，
走到了囂呼塵上的地步，這是歷史發展使然，國人面臨到要考慮、選擇中國人
與臺灣人的議題，連帶要思考到本土文化與外來文化的問題，還有本土化與國
際化的腳步。現在有越來越多人，包括香港人與國民黨，相信「兩岸的統一取
決於大陸的民主化」，只有中國大陸實現民主化，兩岸才可以談判統一。〔註71〕
就臺北政府和臺灣社會內部而言，務實外交有其特殊意義和作用在，「故此，只
要國際環境和兩岸關係現狀維持不變，在可見的將來，臺北應該不會輕易改變

〔註68〕黃浩榮〈中國經濟成長之謎〉（2009 年 4 月，《遠見雜誌》274 期），頁 96～97。
〔註69〕楊耀誠〈美國在臺海兩岸維持一個中國現狀之策略〉，《景文學報》第 19 卷第
　　　1 期（民國 98 年 2 月，景文科技大學），頁 172～181。
〔註70〕梁玉芳等〈1949 一甲子裂變與重生系列一〉，民國 98 年 4 月 6 日《聯合報》
　　　A3。
〔註71〕王家英、洗杏儀《香港民意看兩岸三地的交流互動延續與變化》（1999 年 6
　　　月，香港海峽兩岸關係研究中心），頁 11。

或放棄有關政策。從相反的角度看，也就是說，有關的意義會否在未來出現根本的改變，從而使臺北對務實外交作出重大的調整，便要取決於國際社會、兩岸關係和臺灣內部政治經濟三方結構因素的發展與互動了。」〔註72〕

馬英九當上總統之後，以「不統、不獨、不武」的主張，呼籲兩岸外交休兵，促進兩岸各方面的交流，並爭取美國的認同，積極開創三贏局面，但面臨更大的問題是全球金融風爆。目前朝野為了 ECFA 簽定問題，爭吵不休，「如果 ECFA 造成經濟及就業的災難，同時影響政治及經濟的自主，甚至影響社會和諧，民進黨然會反對。」〔註73〕馬英九領導的執政團隊，對於 ECFA 的簽定還是很執著的，在〈臺灣進入後 ECFA 時期〉一文中說：「後 ECFA 時期的最大政治效應是：兩岸統一的急迫性降低；臺灣獨立的可能性也降低，甚至已趨近於零。北京當局勢將透過釋放善意與誠意，使臺灣人民提昇對中國的好感與認同；其中一途，即是提升臺灣人民對中華民國的好感與認同。臺灣方面，則必將維持其極有活力的民主機制，以民意的愛憎向背與北京當局進行競合互動。這個後 ECFA 時期的發展趨勢，臺灣方面應可寄予正面期待並妥善運作（中略）馬政府也不能只是誇耀早收清單，而應更加努力使臺灣人民對新定義的兩岸關係之整體成就與表現，感到有利、有安全感與有尊嚴。而這些宏觀的成就與表縣，皆不是僅靠 ECFA 所能做到（中略）畢竟，臺灣的政經目標，不僅在前進大陸，更要根留臺灣。臺灣若不能藉 ECFA 之力量翻身，其反作用引發的政經風險，不可輕估。（中略）民進黨只要能修正反中華民國的政策主軸，自能有較正確與平衡的世界觀、兩岸觀及臺灣觀。」〔註74〕

「在民主化大潮和分離主義相互交纏的壓力下，臺灣漸次發展完成的自由主義公民國家的國家政策，開始展現出越來越高的、以臺灣為本位的獨立自主傾向，國民黨過去的主導性越來越受到新生的、由民意帶動的政黨政治所制約。在臺灣的重新定位上，產生了國民黨民進黨化，民進黨亦或多或少有國民黨化的傾向，這是立基於臺灣內部民意和需要追求獨立自主的國家行為。〔註75〕在馬英九上抬主政前，這種情況沒有改變。當前的中國，喜歡臺灣的兩樣東西，一是資源，二是將臺灣實質地納為國土；他不喜歡的也有兩種，一是臺獨，二是宗教，這兩樣一是分裂國土，一是會產生社會問題，連

〔註72〕王家英《臺灣近年外交政策的趨向》，頁 46。
〔註73〕林河名等報導〈巫巫茲拉嗆聲〉，民國 99 年 6 月 26 日《聯合報》「焦點」A2。
〔註74〕社論〈臺灣進入後 ECFA 時期〉，民國 99 年 6 月 26 日《聯合報》「焦點」A2。
〔註75〕王家英，前引書，頁 28～29。

帶會影響國人的信仰，並給政權帶來統治上的困擾。當前的臺灣，在簽署 ECFA
之後，與大陸經濟匯合的腳步加快了，國人能否走出各種危機的陰霾，開創
新的局面，眞的有賴全民的努力，不能把這項重責大任只推給執政團隊或某
一個有力的人士或政黨去護持。

　　民主政治的價值，在於國民的素養、智慧與尊嚴，而不在於求一時之苟
安與委曲求全。臺灣與中華民國、國家認同與臺灣意識、人民生活與臺灣前
途、臺灣與大陸，成爲 2012 年總統選戰的思維主題，也是國人最關心的課題。

第三章　臺灣光復以來政府的宗教政策暨佛教發展之省思

提　要

　　政府播遷來臺以後，佛教在中國大陸的發展，跟臺灣很不相同，因受到中共政權唯物思想以及對宗教管制的影響，在中國佛教成為官辦的產物，僧尼成了一種職業，寺院變成觀光場所；而臺灣佛教的發展，卻有著多種層面的發展，隨著兩岸開放觀光以來，本土化、國際化的腳步讓臺灣的佛教的生存空間與視野，更加擴大，傳統與現代化、人間佛教的進路及其創新的濟世問題，使得佛教倫理與佛教教育問題，大為教團與教界所重視，然臺灣目前重視觀光旅遊、休憩與餐飲產業，人間佛教使得佛教道場，除了是修道禮拜場所，也逐漸成為旅遊的景點，名寺及其文物與高僧成了國家寶貴的資產，在很多方面都與傳統的價值觀念，大為不同，這也是佛寺、道場發展上所要面對的考驗與難題。

　　佛教的內外部問題，以及因環境變遷的適應問題，還有現代化的管理與傳教理念，也一再的被提出來檢討。佛教與諸宗教、諸教派，還有各學術領域的不斷對話，使其在社會上的存續以及濟化的能力增強，其對社會人心的影響力擴大。臺灣的佛教，儼然也是一種獨特的文化，也是臺灣跟大陸文化比較起來，可以引以為自豪的特色因素之一。政府對佛教的政策，從衛國護教復興中華文化，到協助佛教推展各項文化建設，宗教加入了國家整體發展的項目；此外，佛教教育，從教界自行教化到政府允許佛教辦理各級學制，是一段漫長的路，宗教系也成立了，然而大環境還是影響著佛教的教育發展。

　　本文分六個部份，來加以論述。一是「前言」部份，談到佛教從大陸播

遷來臺的發展及其概況、面臨到的信仰與政治問題，以及佛教興衰關鑑問題之所在。二是「佛教的發展與本質」部份，談到政教關係，以及佛教的精神所在，內容包括僧官制度下的佛教、兩岸宗教的命運以及佛教在人間。三是「兩岸的宗教分歧」部份，內容包括清末民初的佛教、中共統治下的佛教、臺灣的宗教生態。四是「宗教政策與佛教教育」，內容包括政教關係、宗教教育、政治因素與社會變遷下諸宗教的發展趨勢。五「結論」部份，綜論臺灣佛教發展上所面臨到的諸多問題，如民間信仰與念佛禪修問題、弘法的管道、傳統與現代化的問題、人間佛教與佛教倫理問題，還有佛教整合力量與教團發展上的內外部問題。

一、緒　論

　　談到臺灣佛教的發展，大約可以分為五個時期，即荷蘭時期、鄭氏時期、滿清時期、日治時期以及中華民國時期。政府播遷來臺之時，「當時的佛教陷入群龍無首的境況。」而宏印法師在〈從太虛大師談民國佛教〉文中說：「40 年來的臺灣，各方面皆有很明顯的進步，佛教是否也跟著這安定的四十年歲月而進步呢？」〔註1〕邢福泉在〈臺灣佛教發展概況——中華民國時期〉文中說：「自1945 年 10 月至目前（1980），可稱為臺灣佛教之全盛時期；佛教徒及佛寺之數目日漸增加，許多新佛寺逐漸建立，破舊之佛寺亦被整修或重建，但更重要的是：許多自中國大陸來的高僧，革新了臺灣原有的佛教禮儀和傳法內容，並且還鼓勵佛教徒積極參加社會福利事業活動。甚多原受奉祀地方神靈及日本影響之佛寺，轉變為純粹與中國傳統之佛寺，最顯著之例子為日本新淨土宗信徒之滅跡與大陸高僧對臺灣佛寺之各種新影響。此一時期另一重大之改變，為各宗派之僧侶結合一起從事佛學研究與佛教之闡揚，故各宗派之間並無嚴格之門戶之見。上述各種現象，使臺灣成為二十世紀中國佛教復興之基地。故此一時期可視之為中國大陸傳統佛教之復興時期與臺灣佛教之革新時期。」〔註2〕而宏印法師則說：「臺灣佛教不可否認的也進步很多，無論在教育（佛學院、大專夏令營）、文化出版、社會慈善工作上，皆呈現出一片蓬勃的氣象；道場的規模愈蓋愈大，徒眾甚多，佛學講座，聽眾也不少。這一切看起來好像很興盛，但在

〔註1〕　《宏印法師演講集》（民國 86 年 8 月，臺北市慈濟文化出版社。），頁 29。
〔註2〕　闞正宗《臺灣的佛教與佛寺》（民國 75 年 5 月初版，臺北市臺灣商務印書館），
　　　　頁 6。

這一片叫好聲中，我們如能冷靜的思考觀察，會發現臺灣佛教似乎缺少點什麼？我們能不能從古代高僧留下的風範中，來檢點今日的臺灣佛教，應該如何才能團結？」〔註3〕當前的臺灣教界，缺乏如古代的高僧師家，也罕有出色的門風，僧俗不分，僧俗不和的現象，比比皆是。

　　佛教在臺灣，如同其他宗教，面臨到信仰與政治問題，面臨到內部人才與教育問題，面臨到環境變遷的適應、革新問題，這些問題都影響到教團的發展，以及佛教給世人的觀感。宏印法師認為，「如果我們關心佛教的興衰，希望佛教強盛，就必須從兩方面去著手。」一是教理的弘揚，二是教制的健全。現今的在家團體，學佛風氣很是興旺，處處可見居士林或弘法中心。雖說中國佛教的前途，要重視青年的佛教與居士的佛教。但宏印法師說：「如果太虛大師看到今日的在家居士們的表現，恐怕要失望多於希望了！」〔註4〕

　　有的僧人或是學者的看法，則與他大不相同，著重在佛教的終極關懷與人文關懷之上，如古禪德全植說的：「佛法隨四相遷流，眞性不變。」〔註5〕佛教重視空性與智慧，點撥學人要在法性慧命之上，而不僅是要行人只做一般的佛事。楊惠南教授在〈野狐禪──佛教的濟世思想〉一文中說：「只有證得空性的人，才眞正了解野狐禪，也才眞正了解佛陀改造社會、濟世救人的淨土思想。」〔註6〕而賢頓法師在談及「四聖締」時說：「佛不在世，有佛法流傳後世，指示世人，如何進修菩提大道，這也是等於佛親自指示一般，只要肯依佛教而行，沒有不成法器的。」〔註7〕佛教講求正信，依止佛、法、僧三寶，依教奉行，沒有人不出頭天的。而學佛者是要自肯的，墮己謗他，則大事不妙。這關涉到佛教的本質，以及聖俗諦與濟世度己的問題，全都是宗教中人所謂的嚴肅、須要審細的地方，因此對於當前臺灣的人間佛教，教內外人士雖然各有其見解，也正所謂「他山之石可以攻錯」，但也跟學佛者的根性與緣法有關，古德卻說：「法不孤立，仗境以生的。」

二、佛教的發展與進路

　　對衛道人士來說，中國政權每次碰到危機，佛教都會被拿出來議論，而

〔註3〕　《宏印法師演講集》，頁29。
〔註4〕　《宏印法師演講集》，頁34。
〔註5〕　《景德傳燈錄》(民國56年2月初版，臺北市眞善美出版社。)卷四，頁73。
〔註6〕　《佛教思想新論》(民國79年10月，臺北市東大圖書。)，頁209。
〔註7〕　《觀世音菩薩普門品講記》(民國81年5月，板橋彌勒精舍。)，頁123。

不僅是佛教中國化的問題。在佛教中國化的過程中，佛教是經過千辛萬苦才能融入中國的社會之中去宏化度生，這是因爲中國人特重文化之增上，以及佛教的濟世救民的行持，無礙於帝王的統治，以及佛教的部份心行與思想跟國人很貼近。佛教輸入中國之前，中國早有類似小乘教的儒、道等思想學說以及巫術爲先行，此外還有儒、墨的仁愛與兼愛之思想等爲前導，有利於大乘佛法在中國的傳播。在中國，宗教與政權之間的關係，向來相當密切，關係也極爲多樣、複雜。

在外國有些政權，須仰仗宗教團體賦予其統治上的合法性，在中國則企盼高僧的神通術以廣知世事，或借由高僧大德來廣添德性，或靠法師、異行僧作法，以濟度生靈，安撫民心；有些時候，政教不分，宗教團體同時也是主政的團體，如西藏。而人類的倫理，其實也多來自宗教倫理。〔註 8〕政權的施政措施，有時也取法宗教的義行來加以變革如義邑、義塚與無盡藏等，所以大致上來說，一般政權都脫離不了與宗教發生關係，尤其是民主時代，爲了選票或者是爲了施政方便，政治人物還得拉攏宗教團體，有的請求協助，因此政教之間亦講求人際關係的和諧與融通。但基本上，宗教所關懷者，爲濟化度人與修持邊的聖事，與政治要處理眾人世俗的事務，是有所分際的。〔註9〕

因此，現代化的西方國家，大體上也都依照政教分離的原則，來面對民眾的宗教信仰；認爲政權固然不應該受到宗教的干預，政治也不當干預宗教，而在保障人民信仰的自由的情況下，則應當尊重宗教的存在與發展。〔註 10〕「從清末至 20 世紀末，近一百年時間裡，中國社會發生了自秦漢以來最劇烈的挑戰變遷。二千餘年的帝制瓦解，宗法性宗教和諸多傳統價值體系亦隨之崩潰，在一系列的革命運動和社會變革中，中國由傳統的中世紀社會艱難地向現代化社會轉型。西方的意識型態逐漸滲入中國人的精神領域。在此期間，中國傳統信仰和民族精神被迫退卻，自西方文明的嚴厲侵迫下，處於守勢，而面臨重找生機，另覓更化的挑戰。」〔註 11〕近百年來，中國很多數喪失了民足自信心，既

〔註 8〕達賴喇嘛著、楊書婷譯《轉化心念》（民國 90 年 4 月，都會脈動文化。），頁 204。

〔註 9〕賴建成《臺灣民間信仰、神壇與佛教發展之省思》（2006 年 12 月，東大圖書公司），頁 34。

〔註 10〕參見《淨心長老論文集》（民國 85 年 1 月，高雄縣淨覺佛教事業護法會。）「宗教與政治」，頁 113～116。陳啓章《大陸宗教政策與法規之探討》「冀鵬程序」，民國 82 年 6 月行政院大陸委員會。

〔註 11〕劉易齋《宗教社會化與國家發展之研究——從社會化觀點探討宗教與國家之

沒有深入國宗教的核心，也沒有虛心接納西方宗教或哲學作爲信仰更化的經神支助，在思想信仰上呈現鬆散和混亂的狀態，特別是識界，敢到徬徨、困惑和痛苦。劉易齋在〈中國宗教社會化的現代徵象──社會變遷與宗教調適〉文中說：「這是中國從傳統社會走向現代社會過程中，由於需要大破、大立和徹底轉型，必然產生的現象。這是一種危機，也是一種轉機。在中西文化匯合之中，產生一種新的民族主義性質的宗教文化體系，成爲凝聚中國人的生命信仰的核心，既是民族的，也是現代的。它可以不依靠行政手段而建立，而是靠思想家與廣大信眾的實踐，以優秀傳統文化爲本源，吸取東西憂秀的文化精隨，整合現代化過程中的新思想、新觀念，進而建立起新的人文價值體系，爲宗教社會化的終極關懷拓展清晰而健康的進路。」〔註12〕

佛教在中國，有其社會教化的功能，以及能使人心性安和與靈性提升的效能，所以受到廣大信眾的護持。佛事與國事，都有站立在爲人類謀幸福的淑世關懷，佛教強調君主要以仁王之心來治國、護國，而佛教投身社會福利的事業也既多且廣，有助於國家的文明發展，這在中國史事上多見。劉易齋在〈回應國難的赴義行動〉文中說：「在三武一宗的滅佛變難中，佛教受到王難之苦與俗見詆譭，原是政治現實裡的歧變異徵，一俟禍難消逝之後，宗教信仰的力量，仍然藉著政治上層與廣大信眾的護持而獲得伸展。一千多年來，在中國宗教多元化的發展過程中，一直居於社會教化主流地位的佛教，除了歷史上曾遭受三武一宗之禍與明朝政府刻意鎮壓而外，其在各朝代的表現，大都足供後人欽仰，就以佛教於抗日戰爭期間共赴國難爲例，適足以突顯其投入社會化活動與國家發展相聯繫之現代徵象。」〔註13〕佛教投身社會公益活動，是居於佛教的「無緣大慈；同體大悲」的菩提心之顯發，在教外人士或從現象學來看，佛教是配合著政府的政策在行義行，然而佛教中人所行持的諸多方便行，卻有助於行人的殊勝行，同樣不離正信的法則。

（一）僧官制度下的佛教

自春秋戰國以來，九流十家的中國哲學與宗教思想，鮮少觸及生命超拔的理路及其進路；而儒家僅是一種修身、齊家、治國的道術。佛教傳入中國，這一異域的文化，受到中國傳統儒學文化的抵制與影響，初時的中國人並不

關係》（民國88年6月，師大三研所博士論文），頁290。
〔註12〕劉易齋，前引書，頁290。
〔註13〕劉易齋，前引書，頁290。

熱心於奉佛做僧。但自魏晉開始，方見有中國人剃度爲僧的記載。東晉16國時期，出家之風方熾，隨之社會上便滋生出一個新的社會階層，即是佛教僧團或稱僧侶階層。早在僧團勢力形成之前，中國社會上還出現了另一支社會宗教勢力，那即是道教教團或稱道士階層。〔註14〕這是文化互相融攝下激蕩出來的火花，也是中國宗教文化史上的一大事件。

印度的佛教傳入中國，在中國找到了它的生機與傳承力。宏印法師說：「佛教傳入中國，中國已有高度文化思想。印度民族性格的佛教，經過轉折融合成爲中國民族性格的佛教。」〔註15〕中國化了的佛教，存在著許多優點與缺失，但也是促成民間信仰發達的因素之一，而有所謂的民間佛教產生。佛教家庭化的觀念與作爲，日趨強烈，「連十方叢林也衍生出子孫叢林、庵堂小廟、子孫小廟。師徒之間常以祖、子、孫、侄等來稱呼，一如家庭成員，只是多了一個法字而已。」〔註16〕

1、從公度到私度

在印度，佛教甚受禮敬，然佛教能在中國社會生存、發展，適必也要遵守中國的宗法制度，這就是所謂的佛教中國化的一種現象，統治者要思量如何管制僧尼。在5世紀中期的南北朝政府實行了公度僧尼政策。公度制度的確立，對僧團階層的影響是重大的，它剝奪了僧團勢力自主發展的權利，加強了專制政府對宗教團體的控制力。後來形成的諸多僧尼名籍管理政策，如唐宋的僧尼供帳制度、僧尼度牒頒給制度、唐宋金元明的鬻度政策等，無不以公度制度爲基礎。公貫僧尼，被認爲是中國佛教發展史上的一大特色，是古代戶籍管理制度中一項特有的內容。在印度，社會僧團可以自立名籍，僧尼名籍冊不報官府。如義淨法師說：「印度僧團，眾僧名字不貫王籍。」〔註17〕「如來出家，和僧剃度，名字不干王籍，眾僧自有部書。」〔註18〕對宗教禮敬的問題，中國的作爲確實與印度大不相同，封建專制政府爲了控制這個特殊的僧團，自南北朝以來

〔註14〕白文固、趙春娥《中國古代僧尼名籍制度》（2002年12月，青海人民出版社）「歷代僧道人數考」，頁21。

〔註15〕楊惠南《當代佛教思想展望》（東大圖書，2006年5月）宏印法師「序」，頁1。

〔註16〕柳立言〈宗教與民間信仰〉，《中國社會史》，頁310。

〔註17〕釋義淨著、王邦雄校注《大唐西域求法高僧傳校注》（1998年，中華書局）卷上，頁114。

〔註18〕釋義淨著、王邦雄校注《南海寄歸內法傳校注》（1995年，中華書局）卷二「衣食所需條」，頁114。

的歷朝政府一直採取的是「設僧局以縮之，立名籍以紀之。」〔註19〕

　　度牒制度到晚明之時，因爲時空環境的改變，已經出現了一些狀況。湛然圓澄在《慨古錄》中曾極力批評官方的政策失當說：「高皇帝（明太祖）之《欽錄》猶在，高皇帝之聖旨絕之不行，既無利於僧，而僧不肯內牒者，勿怪其然也。」〔註20〕江燦騰在〈宗教政策的性格轉變與度牒泛濫〉文中說：「爲甚麼圓澄要如此感慨呢！主要是朝廷在頒發度牒時，並未附有當初度牒在政策上所保證的優待條件，例如稅賦丁役的減免，寺產獨立性的維持，乃至出家人格之政治保障。因此，度牒在晚明時期有如無購買力的通貨，其不爲佛教有識之士所重視，乃理所當然。而一些購買此度牒者，其實是利用了佛教在國社會的潛在信仰力量，以出家人的形象，來換取社會的供養。」〔註21〕晚明時期因爲朝廷財政失衡，頭腦動到用公價請牒的方式來取財，國家的發展影響到佛教的叢林出家人的素質，連帶也對佛教的發展產生很大的影響力，其一是叢林被譏爲罪惡的巢窟。〔註22〕政府表面上說僧事僧治，其實僧事還是不離王權的範圍。〔註23〕

　　到了清政府時，採用多渠道管理佛教僧團的政策，以祠清吏司掌僧尼名籍，又以內務府和吏部、禮部掌理僧官的選任，在很長的一段時期內僧錄司僧官的選補權，掌握在內務府的手中。地方僧官的選拔權則在督撫，同時內務府還負責京都寺觀住持的選任，組織安排兩京年首節日的誦經活動。另外，清前朝還實行過以滿州貴族管理僧道的辦法，這種做法一直奉行到乾隆統治的後期。此外，在清朝還實行過一種特殊的做法，若以皇帝名義賞賜僧尼時，住持僧系若屬於喇嘛者由軍機處奉賞，住持僧系若是尼姑者得由內務府奉賞，這樣清朝的吏部、禮部、內務府、軍機處都掌握了一部分僧尼事務的管理權。除了叢林的惡化現象加深，晚明佛教的處境，也面臨到社會風氣的變遷以及異教競爭的影響，叢林改革的聲浪起來了。〔註24〕

〔註19〕釋贊寧《大宋僧史略》卷中「僧籍弛張」條，《大正藏》第五四卷，頁247。
〔註20〕《卍續藏經》第114冊，頁743上。
〔註21〕江燦騰《現代中國佛教史新論》（民國83年4月，淨心文教基金會），頁36。
〔註22〕江燦騰，前引書，頁44。
〔註23〕江燦騰，前引書，頁37云：「只是佛教的事務，仍責由僧陸司等衙門統轄，若犯姦盜非爲，但與軍民相涉，在京申禮部酌審，情重送問；在外即聽有司斷理。可以說，雖然僧官體統和欽天監相同，起碼維持了僧事僧治的最低自主性。」
〔註24〕江燦騰，前引書，頁86～90，關於晚明佛教叢林的發展，江氏提出了〈改革

到清朝，度牒制度發生了重大的變化，度牒從公度走向了無償給牒制，乃至於廢除，這也關涉到清末乃至於民國初年佛教僧尼的素質，這個問題到了政府播遷來臺之後才逐漸獲得妥善的解決。度牒是古代僧尼的身份証明，也是一種通行證，其事可見之於日僧來華的一些紀實。與歷朝的統治者一樣，清朝政府對僧籍和寺廟的管理，是十分的認真，這是為了集權統治的需要。僧籍管理的主要內容，還是在度牒的管理之上，它是控制天下僧尼人數的大事。清朝統治者對此執行，頗為嚴格，且在納銀給牒或無償給牒辦法上，有數次政策的變更。順治 10 年（1660），停止了納銀給牒的辦法，通過了無償給牒制，自此從唐代以來行之千年的公賣度牒制的殘餘和影響，便隨之告廢了，這應該說是僧擊管理上的一大進步。其後隨著人口的增加，私度漸多，地方官無法檢查編冊，因此於乾隆 39 年（1774）通令全國：「僧道度牒的辦法。本屬無關緊要……著永遠停止。」〔註 25〕隨著經濟制度的改革，宗教管理制度也隨之改變，政府推廣攤丁入畝以後，完全廢止人頭稅，只收地畝稅，農民實不必要再以出家來逃避稅役，故度牒從此也就失去了它的作用。〔註 26〕

2、僧伽制度與庶民佛教

佛教的教團，從古來就一直在發展中，佛教人士到底要包含多少團體？是否真的要一個統一的教團佛教才好發展？佛教的教團，是否也當包含尼眾以及居士呢？那佛教居士團體，是否也要包含所謂的正信佛教徒呢？還有哪些才是佛教的本土化發展教團？這些問題，在民國以前的封建時代是少有人去思索的，這是因為佛教徒的傳統與素質使之然的。但隨著佛教的發展，這些問題一一被展現在歷史的舞台上，尤其是當今的臺灣社會。因此要研究中國佛教的發展史，要包含一些基本的層面，牧田諦亮說：「中國近二千年佛教史發展，考慮推動中國佛教史的因素，假如無法確實瞭解其僅由極少數的僧侶來指導，而實際靠近無數的庶民大眾以信仰之力量護持佛教的這一事實，真正的中國佛教史是無法成立的。」〔註 27〕

僧伽制度裡頭最嚴肅的問題，是僧籍的問題與僧人的素質。僧籍之設，似肇始於東晉，從此以後辦理僧籍成為僧政的重要項目，給有司增添許多煩難，

的必要性及其可能取向〉一文來加以說明。

〔註 25〕《大清會典事例》卷五○一「禮部・方伎」。

〔註 26〕余正燮《癸己存稿》卷 13「度牒寺廟條」，《連筠簃叢書》。

〔註 27〕牧田諦亮〈謝肇淛——中國佛教史研究的一提言〉收在《東洋學術研究》第 14 卷第 5 號（1975 年，東京東洋哲學研究所），頁 2～3。

但政府還是辦下去。就此，明復法師在〈僧官制度之定型與蛻變——僧籍制的建立與管理〉一文中說：「當時辦理僧籍之不易，求貫之困難，而官府認真嚴格情形，亦屬希有。實際上最煩難的，厥為僧眾流動情形之管制。依佛律言，僧人不得久住一地，以免耽著逸樂，應以參學遊方為常務，如智者書信中所說的。煬帝曾諄誡國清寺僧不可『名係在寺、身住於外。』顯深為僧眾之流動所造成的困擾而不耐，乃至欲以王法取代佛法。後來煬帝登極，不可奈何的狀況下，不惜因噎廢食，下詔禁止僧人遊方隱逸。智者的高足大志禪師力諫不聽，自戕而亡。雖未幾亂起，楊氏政權隨之瓦解，而僧籍制度卻流傳到清代末年未稍更改。」〔註28〕而我國僧伽遂在「以官轄寺」、「以寺轄僧」的制度下，運作不良而僵化，致使佛教之安危與勢力之消長，繫乎士大夫的態度與帝王之好惡。〔註29〕但這些士夫以及帝王，也可能是佛教徒，這也引發了佛教史上的一些問題，如僧伽與居士、居士與附佛外道，這些都是以前研究佛教史者所最容易忽略的課題，但這些問題深深影響著佛教的發展。

在中國政治、社會等力量侵襲、融會之下，佛教不斷地適應環境，改變其面貌，方能活出生機來，這也是佛教中國化的特質。郭紹林在〈儒佛文化的合流對士大夫的吸引〉文中說：「儒家學說在總原則和整體上對佛教有所滲透，在一些枝節問題上，也存在著共同的或兩者合流的現象。」〔註30〕在此種情況下，佛教中國化加深，甚至有學者認為，因為儒家學說在佛教的滲透，佛教完全改變了面貌。〔註31〕佛教在中國的發展，雖然碰到王權與宗法制度下的社會觀，以及異教徒的攻訐或詆毀，而遭受到不少次法難的洗禮，「但佛教並不因此失祛其教化生民、救濟有情的菩薩行願。相反的，中國佛教徒為圓成其菩薩願行，以順應中國政法、社會等方面特殊性質，創造出一種與印度或其他國家完全不同的方式，來遂行其濟化工作，這也就是所謂的佛教中國化。譬如菩薩行布施，在印度以個人的應機施捨為主，傳入中國之後卻演變成一種社會救濟的制度、社會福利的制度，以及公共創產的制度。並以此補救了中國傳統重農抑商政策所造成的弊害，以及宗法社會『親親而殺』觀念下所造成的疏漏。」〔註32〕法難下的佛教徒僧行，也顯露出高僧大德的志

〔註28〕釋明復《中國僧官制度研究》（民國70年3月，明文書局。），頁41～42。
〔註29〕湯用彤《隋唐佛教史稿》（民國72年9月，木鐸出版社。）「緒言」，頁2。
〔註30〕郭紹林《唐代士大夫與佛教》（1987年8月，河南省新華書店。）「第六章士大夫奉佛的原因」，頁272。
〔註31〕郭紹林，前引書，頁271。
〔註32〕賴建成，前引書，頁38。

行節操，而這些人睿智的理性以及馨潔的道德，也深深地烙在往後繼承人的心中，變成叢林的精神。〔註33〕但是佛教這種事業與觀念，在政治上卻和君主專制「恩賞自上出」的傳統觀念相矛盾。同時，僧侶所倡導的各種宗教教化、社會福祉的組織，如義邑、義社、義產、無盡藏，也嚴重威脅到社會上豪強仕紳與「學而優則仕」之儒生的地位與利益。於是君子與士大夫合作，消滅全國性的無盡藏組織，且力阻邑社的發展，並用恩賞賜田法，把新興的禪宗叢林變成舊式的官寺組織。〔註34〕

　　明復法師對於佛教的關懷，還是環繞在僧伽制度與官寺制度、僧人的教育與居士問題以及佛教中國化的貢獻上。他認為，佛教的所謂法難，即是以強暴的手段，壓抑像佛教菩薩行願這種高層次的作為，使屈就於低層次的欲望，使中國文化蒙受無法避免的創傷。而佛教在一連串法難之下，教徒千餘年的廣大行願，到近百年來只落得一種破碎孤萎的子孫廟經濟型態，我執我見牢不可破，僧伽名存實亡，社會雖不乏名僧、大德仍稟持大乘佛法的宗本，但欲振乏力，佛教要繁興真的要待時了。〔註35〕

3、民國的佛教與僧伽

　　清朝的政府不但壓制禪宗，而且限制整個佛教的活動，其情狀可由《大清律》「禮律‧褻瀆神聖條」與《十朝聖訓》可以窺見，這影響到民初乃至於臺灣佛教要振興時的局限性與活力。楊惠南在〈當代臺灣佛教的兩大傳承〉文中說：「清代的佛教（其實只剩淨土一宗），受到了極大的束縛和壓制，以致在洪秀全的太平天國革命當中，全面地崩潰下去，幾乎接近滅亡的境地。在這種情狀下，辛亥革命後的中國佛教，也不太樂觀。加上 1898 年張之洞所提『廟產興學』的主張，一直影響到民國初年的政治、文化界，以致寺廟被強迫改為學堂，連警察、軍隊皆堂而皇之地進占其地。」〔註36〕更有甚者，到了民國 18 年國民革命軍進駐到寧波時，「假借破除迷信的美名，到處破壞寺院，搗毀城隍廟，將各類神像悉數投棄河中，風氣一開，其他個地亦

〔註33〕參見賴建成《晚唐暨五代禪宗的發展──以與會昌法難有關的僧侶和禪門五
　　　　宗為重心》，頁 119～140〈會昌法難下禪門的志行〉。
〔註34〕釋明復〈關於現代佛教寺院經濟問題的對話〉（民國 74 年 9 月，《獅子吼》月
　　　　刊第 24 期第 7 卷），頁 39。
〔註35〕賴建成《吳越佛教之發展》（民國 79 年 4 月，東吳大學），頁 10～11。另見賴
　　　　建成《吳越佛教之發展》（民 2010 年 3 月，花木蘭出版社），頁 9。而賴建成
　　　　的論點，基本上還是承襲自明復法師。
〔註36〕楊惠南，前引書，頁 7。

紛紛發生類似的事端。」〔註37〕在這種劫難下，當時佛教的生態又是如何，陳榮傑在《現代中國的宗教趨勢》書中說：「中國和尚與尼姑的主要職業，是在喪葬等場合誦經作法事，通常他們是藉此而獲得報酬。我們無法逃避一個令人不愉快的事實，那就是：僧伽乃是無知與自私等烏合之眾的團體（中略）產生這種悲情形的主要原因，在於僧伽的那些人的典型。依據可靠的說法，在 50 萬和尚與 10 萬尼姑之中，或者說，在每兩個寺廟五名僧眾之間，大部份對他們自身的宗教都沒有正確的認識。他們的剃髮，很少是因為信仰。他們遁入空門，為的只是貧窮、疾病、父母的奉獻，或者在祈求病癒或消災祈福時承諾得將孩子送入寺廟、家庭破碎等，有的甚至是因為犯罪。」〔註38〕陳榮捷講的一些佛教怪現象，在臺灣的社會也是有的，因為臺灣早期佛教發展的傳承有二，一是日本治臺時留傳下的齋教，另一就是大陸播遷來臺的佛教。〔註39〕

　　民初是中西方文化相會、融攝與衝擊的時代，整個思想界包括佛教有心之士，都力圖建立新的思維與新的制度，來拯救中國所面臨的危機。當時教界有太虛法師在處心積慮地改造僧伽制度，但遭到衛儒人士的反對，說要振興中國文化必須要抑制佛教的流行。〔註40〕衛儒人士所提出的科學人生觀，也影響到太虛法師的思想。楊惠南在〈人生佛教的思想來源〉文中說：「梁漱溟的《東西文化及其折學》一書，出版於 1921 年左右，數年後，太虛提出了『人生佛教』的理念。依此看來，太虛在梁漱溟等儒家人物的批判之下，圖謀為其所行的佛教革命辯護，因而提出他的『人生佛教』的主張，是明顯的事實。因此，『人生佛教』的趨於圓熟，除了直接融和西學和太虛早年所學的禪宗、天台宗學之外，無疑地還受到梁漱溟等儒家人士的反佛態度的間接刺激。」〔註41〕

　　中國數千年的專制王朝消失了，民國成立之後，僧官制度也被取消了，但這「並不就是中國佛教會的振興。」〔註42〕不論是民初的中國佛教總會，

〔註37〕中村元等《中國佛教發展史》（上）（1984 年，天華出版社），頁 527。關於佛道寺廟在破除迷信運動下被拆除的景象，參見明復法師〈當世因果親歷記〉，《獅子吼》月刊第 24 卷第 5 期（民國 74 年 5 月，松山寺），頁 29。
〔註38〕陳榮傑《現代中國的宗教趨勢》（1987，臺北文殊出版社），頁 104～105。
〔註39〕楊惠南，前引書，頁 2。
〔註40〕梁漱溟《東西文化及其哲學》（1983 年，臺北里仁書局），頁 64、頁 238，一書談到人生的三路向，主張排斥印度佛教，說絲毫不能容留。
〔註41〕楊惠南，前引書，頁 74。
〔註42〕釋明復《中國僧官制度研究》，頁 96。

或者是袁世凱訂定的「管理寺廟條例」31 條，對佛教都是一種傷害。明復法師在〈沒有君主的君主專制政治下的僧政——僧官制度銷毀後的餘聲〉文中說：「佛教所幸兩千年來經無數高僧大德之經營，立下堅固的基礎，被管理以來，雖未像道教那樣慘，卻也已奄奄一息，垂死待斃了。」「僧官制度肆虐流毒，尚未立給予佛門動搖根本的威脅，直不過小丑跳樑而已，未若大憝之一噓。」〔註43〕其直呼籲說，我們不能「輕忽宗教在民族文化滋長中，不可取代的積極作用，與社會民生發展中，不可或離的助成功能。」莫「妄圖遂行行政統御之便，遽然出以殺雞取卵的手段，以政令絞殺宗教的無知念頭。」同時，也要佛子檢討僧行，莫染上「那種上諂下驕、弁髦佛、唯我獨尊、唯利是圖的習氣見解；」或「破毀六合敬法的高尚精神於不覺間，壞人法身慧命於叱吒指顧下。」「如果在當前這個時代裡，能從我們心田中割除這些稗莠，再興佛教只是俯身拾芥而已。」〔註44〕

　　認識佛門中的汙染、顛倒重整佛教僧伽、佛子的再教育，是明復法師研究僧官制度的真正目的，我們研究宗教信仰亦然，當認清宗教信仰的層次、特質與精神之所在，還有其實踐面。至於太虛法師的佛教改革理念，被稱傳奇人物、當代研究佛教的異數江燦騰〔註45〕則說：「此書《整理僧伽制度論》的最大意義，是它標誌著太虛一生改革的詳盡理念，其後的各種改革意見，實可視為此一計劃的再出發。在實踐上言，與原設計本意，誠差異甚大，在精神和思想上言則為一脈鄉承的。此外，我們不應該忽略其對『佛教僧團』的偉大構想。這實在是佛教史上的理想國，以中國現代思想出現的新姿態。而設工場、銀行於其中，尤其令人佩服其務實的一面。總的來說，太虛是要結合僧伽與社會信眾，經由僧伽領導，以建立新時代的僧伽制度，並輔助國家政治功能的不足。這是他的改格理想，先著書提供於社會和佛教界，然後力求其一一的實踐。」〔註46〕由太虛大師所處的環境來看，佛教界除了叢林之外，真的險象環生，連叢林要因應現代化的國家發展與社會的變遷，都需

〔註43〕釋明復，前引書，頁108。

〔註44〕釋明復，前引書，頁109。

〔註45〕江燦騰，前引書「作者簡介」。當代佛教界的傳奇人物，其實不僅只有江燦騰一人，黃運喜、賴建成，乃至於明復法師，都有說不完的故事，如拜訪他們就可以分曉，可惜明復法師已於民國94年謝世了，其故事可由賴建成君的部落格「醃貓隨草」略知一二。但如說江君是學界的異數佛教學者，那賴建成君更是，因為他博通的學術蠻多，還通術數與道法。

〔註46〕江燦騰《現代中國佛教史新論》，頁154。

要大大的改變一番，但這不是僅著書立說就能成立的，政教分離要政府的同意，寺產歸併宗寺亦須僧眾的意願。否則皆成畫餅。〔註47〕

（二）兩岸宗教的命運

民初以來，佛教界的窘態已經層出不窮了，不僅是叢林制度問題，僧人紀律以及民間的佛教狀態，都非有識之士如太虛法師〔註48〕或有學養的官紳佛教大居士所能應付得來的。改革佛教最大的障礙，是政府的宗教政策，不論是專制時代的中國，還是威權時代的臺灣。江燦騰在〈太虛大師改革佛教組織的困境所在〉文中說：「民國後，僧官制度被取消了，就進一步的一面來說，是尊重信仰自由，由各宗教自行組織自治團體；就不利方面說，佛教的外在的約束撤除，正是力量分散的開始。如非寺產的剝奪問題發生，佛教界因而暫時形成共同的組合，以對抗壓迫，否則佛教界的組織形態實難出現。」〔註49〕

兩岸分治後的中國佛教發展，是大不相同的。1949 年中華人民共和國成立，在其 1954 年制定的憲法中，雖然明文規定宗教信仰的自由，但佛教所遭受的傷害卻是很大，尤其是 1959 年的文化大革命，佛教寺院遭受破壞殆盡，有許多寺院至今猶未修復。淨光法師在〈宗教與政治的相互影響〉文中說：「現在的中國大陸，從外表看，政府對宗教是採取自由開放的政策，可是寺院要聽命於佛教會，佛教會須依政令規定行事，所以要能夠像臺灣一樣，公開自由做佛教活動，恐怕不是短時間可以實現的。」〔註50〕

政府播遷來臺以後，初期的統治性格是威權的，臺灣人民的人權遭到非常大的傷害。1945 年二次大戰結束，國民政府接收臺灣，同時也將當時中國

〔註47〕《太虛大師全書》17・制議（9）（1980 年，臺北太虛大師全書編纂委員會），頁 185。

〔註48〕江燦騰，前引書〈太虛大師改革佛教組織的困境所在〉文，頁 121 說：「我過去也曾在論文中說他的改革最大的困難，是沒有自己的地盤。」另見江燦騰〈五四時期的太虛大師〉，收錄在《人間淨土的追尋常》（1989 年，臺北稻香出版社），頁 177～186。其實改革佛教最大的障礙，是政府的宗教政策，關於這一點明復法師與賴建成君是相同的。另外籌組一個統一的教團，以利佛教的發展，還是要靠政府的政策，參見《淨心長老論文集》。（民國85 年 1 月，淨覺佛教事業護法會中〈探討未來的世界與佛教的問題〉文，頁 100 提到由於人民團體法的再制訂，使得人民團體增多了，分離了原來統一的教團，淨心法師深表遺憾）

〔註49〕江燦騰，前引書，頁 121。

〔註50〕《淨心長老論文集》〈宗教與政治〉，頁 109～110。

的「一黨訓政」體制引進臺灣。在訓政體制之下，臺灣人民各個層面的要求多受到打壓，終於在 1947 年爆發 228 事件。而就在人民驚恐之際，國民政府在同年 7 月開始動員勘亂，亦即還沒有行憲，臺灣就已進入非常時期。1949年 5 月全臺戒嚴，更使臺灣長期陷入非常體制的籠罩之下。1950 年韓戰發生，美國第 7 艦隊進入臺灣海峽，蔣介石因為得到美國的援助，其以此為契機逐漸建構起強人的統治。對於這種威權統治的方式，薛化元說：「從 1950 年代開始，國民黨以不合民主憲政體制的訓政體制、動員勘亂法制與戒嚴法制之非常體制，再佐以侵害人權的惡法，以及多如牛毛的違憲、違法的行政命令，使得臺灣的人權無法得到憲法乃至法律應有的保障。」〔註 51〕除此之外，來臺以後的統治當局，更透過情治單位的監控，遂行其高壓的統治，導致政治上的「白色恐怖事件」發生。闞正宗說：「白色恐怖下的受害者，事實上不分男人女人、大人小孩、左派右派、統派獨派、共產黨國民黨、本省人外省人，甚至也不分在家人出家人。一般而言，出家僧侶通常過著比較與世無爭的生活，但是政治上的恐怖統治，他們不一定能倖免。在戰後臺灣，長達數十年的『白色恐怖』，也曾使不少佛教僧侶被迫逃亡，乃至被關、被殺。例如，東初法師就藏因此逃難過；樂觀法師與大同法師，更是被嚇得逃奔出臺灣；慈航法師等 13 人，曾被指『共產黨混入僧團』而遭逮捕；印順法師因《佛法概論》一書被指隱含共產毒素而被迫自我修正；修和法師因『顛覆政府』罪名坐牢，而病死獄中；聖德法師因遭指控『叛亂』而被判重刑。其中，證光法師（高執德）甚至被統治當局處死。」〔註 52〕

　　由於政府的高壓統治沒有絲毫的鬆懈，佛教界只能在護國護教的心行之下求生存發展；臺灣落實憲政的腳步是緩慢的，對宗教的管理政策常在變化當中，這已經大大地限制了佛教教團的形成，以及影響到佛教的整體發展。以寺廟管理為例，淨心法師在〈我國的寺廟法令對佛教的影響〉文中說：「監督寺廟條例只有簡單的 12 條，內容只對寺廟定義、寺廟管理負責人、寺廟財務等，作原則上的規定，而對寺廟內部的事務與人事不作干預，所以雖然只是針對佛道兩教的差別法令，還可以勉強接受。但自民國 44 年之後，從內政

〔註51〕 薛化元等《戰後臺灣人權史》（2003 年 12 月，臺北國權紀念館籌備處）「序」，頁 6～7。

〔註52〕 闞正宗、蘇瑞鏘〈臺南開元寺僧證光（高執德）的白色恐怖公案再探〉，《護僧》第 37 期（民國 93 年 12 月，高雄中華佛教護僧協會），頁 5～6。其事，另見釋明復《白公上人光壽錄》。

部或省政府的民政宗教行政單位，陸續下達許多行政命令，這些行政命令，對於寺廟的事務、人事方面作了很多規定，干涉寺廟內部事務，嚴重破壞佛寺傳統體制，傷害佛寺僧尼權益，阻礙佛寺正常發展，對於正統佛寺造成了莫大的傷害。」〔註53〕對於宗教法訂定的問題，淨心法師說：「宗教法的遲遲不能立法，受傷害最大的還是佛教的正統寺院與僧尼，這也是佛教會努力於宗教立法的原因。政府對宗教的行政措施，適當與否，對宗教的存在與發展，有絕對的影響力，所以宗教與政治的關係，是不能隔閡的。」〔註54〕臺灣的宗教，如淨心法師說的，很多行事不能脫離跟政治的關係，尤其是政府的政策要推行時，公部門會邀集宗教界來配合。所以，在臺灣常見的是政府公部門輔導宗教的座談會，以及宗教配合公部門新政策的構想在舉辦活動，宗教與政治是緊密地連結在一塊，影響社會人群的活動極為廣大與深遠。

　　本來宗教與哲學，就是不能脫離人性與眾人的事，因佛法在人間、思維也在人間之故。在臺灣，僧侶們一再強調佛法不離世間法、佛教在人間，而人不離世間的覺悟，這些是現代佛教徒耳熟能詳的理念，也算是一種口頭禪了。佛教從印度消失，轉生到中國來，是透過很多人的努力，而不僅是佛教徒，這是歷史的事實。佛教的宏傳，要靠很多的因素在推波助瀾，其中最重要的要件還是要靠人，如「晉到唐之間，拼九死一生去印度求取佛經的苦行高僧」。〔註55〕佛教雖說：「依法不依人！」但法要流傳，還是要靠人，所以近現代的中國佛教徒就慢慢覺醒，提出了「人間佛教」、「人生佛教」、「佛化人生」的概念，這也是近百年來佛教在社會上的大趨勢，也是一種大躍進，也是當前臺灣佛教發展的一種主流文化，對國家的發展、社會的安定祥和，產生了不少影響力。佛教在中國的發展，很長的時期是仰賴高僧大德。佛教在專制、威權的統治下，產生了出世與入世兩種截然不同的理念，但佛法的宏傳不依靠王公、士夫的理念，基本上還是很難實踐的，因為佛教徒是人，佛教徒的生活與行化，廣義來說也還是一種政治活動。

　　佛教在王法下發展，古德或說：「不依王侯，高尚其志。」但有大德卻說：「不依王法，佛法難存。」佛教在中國社會的發展，勢必要與社會名流、政府官員及知識份子，發生關係而產生影響力與生機，當然還會產生一些弊

〔註53〕釋淨心，前引書，頁110～111。
〔註54〕釋淨心，前引書，頁111～112。
〔註55〕釋南亭〈一個好現象一個新希望〉，《南亭和尚全集》，頁338。

端，但這也是佛法在人間行化所必然會發生的事。當國民政府在大陸時期，甚多佛寺係受到政府官員的保護與支持，同樣的情況也在臺灣發生。邢福泉在〈臺灣佛寺之地位及政治地位〉文中說：「即某一宗教如爲政府官吏及社會名流所支持，此一宗教即極易發展與興起，因宗教之發展，與當時政治、社會領導人物或要人均有極爲密切之關係，如佛教在南北朝、隋朝及唐朝之發展即爲一例。在目前之臺灣，甚多政治與社會上之領導人物均係佛教徒或支持佛教者，且將來之數目或許會日漸增加，最佳的例子爲臺中之玄奘寺與高雄之佛光山。」〔註56〕賴建成說：「如其所料想的，聖嚴、證嚴、惟覺、心道諸法師的教團也隨之繁興起來，還有一些居士團體如、李元松、蕭平實、李善單、宋七力、妙天等，而混元法師也是如此的在發展。」〔註57〕談到人間佛教，闞正宗在〈人間佛教的區域性性格與國際化趨勢〉文中說：「臺灣人間佛教的進路，是在政治戒嚴中開展的，並透過自我的改造運動，以及與齋教民間宗教、基督宗教、一貫道、社會各界辱佛的一連串抗爭中站穩了腳步。在這個佛教界全面參與的過程中，全面的共識就是佛教必須進行改革，一方面清除佛教給人迷信、腐化、經懺自活的形象，一方面反擊社會個界及基督宗教的指責與批判，而其中臺中佛教蓮社的李炳南與戰後逐漸行成的新四大法脈，正是自我調整、自我改造最力，也最具代表性的教團。這些人間佛教的具體代表者，雖從區域性出發，甚至朝國際化邁進。」〔註58〕臺灣佛教的發展，跟大陸是很不一樣的，新的教團隨著領導者的冒出、經營，人間佛教的面貌由是產生多樣性，而大陸的佛教基本上還停留在受管制性、觀光性、例行佛事性、政治傾向性的人間佛教，罕能有大的變化，外力也很難侵入。

　　民國以來大陸民間的佛教信仰情形，除了太虛法師說的有大致上可以分爲清高流、坐香流、誦經流、懺燄流〔註59〕之外，印順法師說：「我的故鄉寺廟中的出家人（沒有女眾），沒有講經說法的，有的是爲別人誦經、禮懺；生活與俗人沒有太多的差別。在家信佛教，只是求平安，求死後的幸福。少數

〔註56〕邢福泉《臺灣的佛教與佛寺》，頁16。
〔註57〕賴建成《臺灣民間信仰、神壇與佛教發展之省思》，頁41。
〔註58〕闞正宗《重讀臺灣佛教——戰後臺灣佛教續編》（民國93年4月，大千出版
　　　　社），頁459。
〔註59〕釋太虛〈震旦佛教衰落之原因論〉，洪啓嵩、黃啓霖主編《太虛文集》（1987
　　　　年，臺北文殊出版社），頁67。

帶髮的女眾，是先天、無為等道門，在寺廟裡修行，也說是佛教。」〔註 60〕根據邢福泉的研究，很多於 1949 年以前訪問或研究大陸佛寺的學者都認為，多數大陸佛教僧侶均係愚昧無知，且甚多佛寺殘破不堪，亟需修繕。此種狀況，不復見於今日的臺灣，佛教僧尼中之文盲幾乎已在臺灣絕跡了。因國民政府遷臺之後，首先推行 6 年的義務教育，繼之以九年義務教育。凡 1943 年後出生者，最少曾接受過六年的義務教育。由於來自信徒的充裕捐獻，臺灣佛寺極少殘破不堪，或需要大加修繕者。因文盲及佛寺殘破問題之不復存在，已使人們對臺灣佛教的印象耳目一新。〔註 61〕當前臺灣佛寺的發展，是蓬勃的而充滿生機，不似一些神壇，因主事者靈體不穩或者是經營不善，導致於乏人問津而殘破不堪。〔註 62〕在臺灣佛寺辦理的佛教教育，也高度發展，甚多富裕的寺院轉而致力於一般的社會教育以及大學教育。〔註 63〕

　　人生的佛教、人生的佛法倡導者太虛大師，其晚年還在講「菩薩學處」，直在倡導「今菩薩行」，深深地影響著當今的佛教界，且被譽為「一個有頭有尾、貫徹始終的思想先知先覺者」。〔註 64〕臺灣的佛教，透過太虛法師的學生印順法師著書立說的影響力，「提倡一種立基於人生佛教卻超越人生佛教的人間佛教；這一人間佛教的理念，目前在臺灣的佛教界中，特別是在那些對傳統佛教深感不滿的青年佛教徒中，產生了極大的影響力。」〔註 65〕

　　談到中國人生佛教與人間佛教的產生，很多學者會用對教史的認知來回答問題，說是深受太虛法師與印順導師的影響。其實教界沒有出現太虛法師與印順導師兩人，人間佛教還是會存在的，〔註 66〕這是因為佛教面臨到全球性與現代化的影響，必須自我調整與改造，既使是大陸的佛教，你能說它不是另一類的人生佛教或是人間佛教嗎？

　　臺灣的人間佛教，到底好不好呢？說詞不少。佛教以前被認為是消極的、出世的、帶有迷信色彩，如今的人間的佛教，被說成辦佛事不修行，搶市場不落人後。宏印法師說〈太虛大師的人間佛教特色〉文中說：「臺灣最近 10 年來

〔註 60〕釋印順《遊心法海六十年》（1985 年，臺北正聞出版社），頁 5。
〔註 61〕邢福泉《臺灣的佛教與佛寺》「臺灣佛寺之社會及政治地位」，頁 18。
〔註 62〕賴建成，前引書，頁 34。
〔註 63〕邢福泉，前引書，頁 19。
〔註 64〕《宏印法師講演集》〈太虛、印順的人間佛教思想〉，頁 12。
〔註 65〕楊惠南，前引書〈從人生佛教到人間佛教〉，頁 68。
〔註 66〕闞正宗，前引書，頁 461～462。

佛教很興旺，佛教徒眾多，人間佛教是最主要的推動力量。但是，今天我要提出一個比較嚴肅、需要思考的問題，我請問大家，什麼叫做人間佛教？人間佛教的本質在哪裡？人間佛教有些什麼內容？所謂的人間佛教是不是佛教要跨出山門去做活動，佛教要現代化、社會化、大眾化，佛教要生活化、科學化，佛教要迎合時代，要迎合時代的社會性去辦慈善、辦救濟、辦文教活動，像這樣的社會性活動不斷的舉辦，這樣就叫做人間佛教了嗎？」〔註67〕佛教僧尼要實踐人間佛教之前，還是要先講求好個人的修行以及正信，才不會被社會風氣與不良習性給轉去了，如廣欽老和尚就直說自我修持的重要性，〔註68〕因為修行人皆知道一件事，即行人若不留心終歸還是會被妄心給轉過去。

太虛法師或印順法師所提倡的佛教，與大陸意識型態的形式佛教，或者是臺灣的民俗佛教、世俗佛教，是不相同的；大陸的佛教，看起來也是人間佛教，出家人正常工作、正常勞動，不能擴大個人的自由。宏印法師說：「太虛大師警告中國佛教界說：『我們提倡人生的佛法，提倡人間的佛教，要避免走入庸俗化、神秘化。』甚麼叫做神秘化？佛法本來在人間，佛法應該滿人間才是，結果學佛的人天天和鬼神扯不開，滿腦子都是鬼神的東西，這就是神化，失去了人間化的意義。」鬼神是六道輪迴的眾生，人間才是最殊勝的，佛教說人生難得的意義在此，可以依此人身修持上進。「中國佛教本來提倡人間的佛教，結果走入庸俗化了。什麼叫做庸俗化？諸如求長壽、求消災、求健康、求添福添壽、求發財，以這種只關心個人吉凶禍福，功利思想的動機來學佛，就是佛教庸俗化的病根所在。」學佛能使人保平安，增添福壽，長得更莊嚴，面貌姣好，事業更好，或是賺大錢，這些只不過是人天功德，不能將它當作成佛的最高本質。佛陀是三界導師，覺行圓滿，如果他的信徒庸俗化了，如何顯示佛陀的偉大、高貴與胸懷，所以「每個佛教徒都該深入佛法，把握佛法的重點。」〔註69〕臺灣的人間佛教，有其主導者，也有其區域性，所以就有差異性，但其同處是都強調正信，講求自我教育的重要性。為了接近民眾，深入人群中去教化，人間佛教的普世與俗化性格是強烈的，被學者或佛教徒提出來檢討的地方很多。

宗教教團的行為，如果像是政治經濟學家所說的，是國家整體發展中的

〔註67〕釋宏印，前引書，頁12～13。
〔註68〕參見《廣公上人事蹟續編》，87年6月承天禪寺編印。
〔註69〕釋宏印，前引書，頁13～14。

一個環節，則勢必會追求所得的增加，以及擴大教團的影響力，但也要以個人的自由、個人福利的增進爲最終目標。這在大陸的宗教是難辦得到的，而臺灣的民心卻多是迷思的。談到樂與苦，鄭保村在〈知量知足常安樂〉文中說：「經濟行爲基本上以趨樂避苦、趨吉（利益）避凶（成本）爲鵠的，與離苦得樂的修行旨義相近。獲 1992 年諾貝爾獎經濟學獎的貝克（G・Becker）分析家計與利他行爲時，指出：『個人的快樂，不只是自身擁有的東西，也決定於家人的快樂上；同時，個人的捐獻、見義勇爲（中略）等利他行爲中，因受尊重或自我實現，也會增進個人福利。』但人們卻常常患健忘症，不是捨本逐末，就是逐樂過程中製造更多的苦，或者錯以爲感官享樂就是眞愛，或把不當的樂視爲樂，或將短暫的樂視爲究竟的樂，也輕忽精神面決定幸福的重要性，而變成金錢的奴隸。」〔註70〕海峽兩岸的人間教團中，不乏其人，只是政治奴與宗教奴之區別耳，說好聽一點就是俗氣、俗化，說中性的話是心行與業因業果的關係；說穿了，宗教固然少不了「日用禪」、「生活禪」、「禪氣味」，但捨本逐末的現象，都是初信的迷入與越級的緣故，其錯失常跟領導者的門風、化境大有關係。古人不輕易施行「大座講經」，實有其道理在。

當前，兩岸的宗教命運，取決於誰，是國家領導人的決策，還是有實力的教團抑或只要靠個人的修持力即可，都還在爭論之中。未來宗教的主體與客體性，由誰來決定也是一樣，莫衷一是，主本土的，主中國的，各懷心眼，這些都不是信宗教的本意。而兩岸宗教的依存性，卻可以從活烙的宗教文化交流中得見。

三、臺海兩岸宗教的分岐

在王法統治下的中國宗教，因爲受到封建以及威權式的統治，其宗教性格以及社會教化功能常被扭曲，宗教的特質找不到眞正的落實，其成就有時轉瞬就消逝了，好不容易建立起來的美好傳統得不到承繼。法難下的佛子們不禁會說：「佛法如四相遷流，然眞性不滅。」佛法的心燈猶在，總讓王法下的佛子，點燃無限的希望。關於王法下宗教的概況，李向平在〈專制王權下的傳統中國佛教制度〉文中說：「在中國，以儒教爲本位，儒、佛、道三教和合的歷史傳統，既確定了佛、道教的歷史地位，亦限制了佛、道教功能的制

〔註70〕鄭保村〈知量知足常安樂〉，《中台山》第 69 期（民國 93 年 2 月，財團法人中台山基金會），頁 21。

度式發揮。因此，這些制度宗教的公共功能，不可能直接以公共的社會形式呈現出來，即不可能以制度的形式予以發揮，只能是以個人道德的教化形式、對個人的精神、意識、觀念進行某種程度上的經神教化。只有當這些個人被教化成功，這些個人成為了聖者，成為權力的掌握者的時候，這個宗教的社會功能才算是有了某種落實，它們的教化影響才算是從私人信仰轉向了公共崇拜，其作為制度宗教能夠發生社會作用的說法，只有在這個時候才具有真實的社會內涵。否則，這個宗教制度的社會性與公共特徵，則是被懸置起來的，始終找不到落實之處。」〔註71〕從宗教社會學意義上來看，佛教的寺廟組織與其他宗教組織一樣，不過是創造了一種新的人群集合模式、自願結社的群體關係而已。而民間佛教的宗教信仰，體現著家族組織和鄉村組織事務的控制，聯繫著鄉族之間的相互關係，穩定著地方的既定秩序。寺廟的修建，甚至成為家族組織的分內情事，寺廟可以是家有、族有，因此缺乏正式的組織與制度，自然就無法談及佛教組織所能夠發生的集體行動，此當為傳統佛教鄉村寺妙組織最突出的社會特徵。〔註72〕不論寺廟的形式分為官府、私人或民間的，勢必與政治脫離不了關係，而佛教的生存與發展，端賴王者與士夫官僚之態度是不能免的。〔註73〕在漫長的歷史中，中國佛教，包括海峽兩岸，佛教一直未能脫離政治的影響，其生存與發展可以說是與政治息息相關。在臺灣，當佛教得到政府的助化時，它就會有一個長足的發展。在大陸，因佛教與中共思想產生矛盾，佛教失去了統治者的護持而遭到迫害。

　　臺海兩岸的分岐，始於國共的意識形態有別。臺灣的政府實行憲政改革，落實民主與實施地方自治，到總統民選與政黨得以輪替，人民享有高度的自主與自由，尤其在經濟生活與宗教信仰上。而大陸基本上，是一黨威權政治，實施高壓統治，不管其開放是到何種程度，其政策的基本原則是很少更動的。江燦騰說：「兩岸的政權，在宗教政策上，是存有鉅大差異的。就臺灣方面來說，儘管佛教的組織的變革、佛教人士的出國和佛教辦高等教育等各方面，長期以來都受到政策或法律上的約束，但，基本上，政府並不管佛教的活動方式，不論是公開的或私下的，只要不觸及政治的禁忌，即可自由行動。換句話說，臺

〔註71〕李向平〈專制王權下的傳統中國佛教制度〉，《普門學報》第 30 期（2006 年 7月，佛光山文教基金會），頁 39。

〔註72〕李向平〈專制王權下的傳統中國佛教制度〉「制度嵌入：佛教中國化的基本路徑」，《普門學報》第 30 期，頁 41～42。

〔註73〕湯用彤《隋唐佛教史稿》（民國 72 年 9 月，木鐸出版社）「緒言」，頁 2。

灣方面在宗教活動方面，較無意識形態的管制，因此，擁有極大的發展空間。如非如此，像佛光山道場和花蓮慈濟功德會這樣大規模的佛教事業，以及鉅大的社會影響力，是無從建立的。反之，在大陸方面，政治思想的意識形態，形成了嚴密而立場鮮明的宗教管制政策。」〔註74〕兩岸的分歧性，從分治以來越走越遠，但基於一個中國、同是華人、同一個國父，在文化與種族方面基本上還是根源相同，所以分治久了還是會相聚、互為需要，這是大環境使然。

（一）王法下佛教

在中國，隨著王權的無限伸張以及官僚組織的日趨繁密，宗教被納入管理體系之中，宗教的生存發展甚依賴帝王的喜惡與士夫的心態，而民間信仰卻也被儒家的官僚士夫所容受，而得以流傳至今，實因統治的需要且儒家思想中仍有相當程度的非理性的呪術成份使之然。〔註75〕在中國王權高漲的時代裏，還有一種形式的民間佛教存在，李向平在〈專制王權下的傳統中國佛教制度〉文中說：「在政治權力的掌控下，王室佛教以及官寺佛教的繁興，造成了士大夫佛教在私人信仰層面上單向衍生，同時也構成了民間佛教的異變，即在正當性與非正幫性之間的雙向可能。這樣就構成了中國佛教之宗教行動方式的內在邏輯。相對而言，文人士代夫及其民間百姓的佛教信仰選擇，似乎就存在著一種獨特的價值，即它們在世俗權力秩序之中，試圖保障精神個體面對權力秩序而獨立自在的精神權利，一種難得的經神走私。」〔註76〕中國乃至於現代的臺灣，宗教信仰是極其複雜的，但在傳統的中國以儒家思想為主導的政治環境裏，國家施政有其政治經濟學的考量。韋伯說：「將中國人在宗教信仰上歸類為佛教徒——就像從前通行的說法，全是一派胡言。依照我們的判準，只有登錄僧籍的出家人、僧侶，才可稱之為佛教徒。異端的出家形式本身並沒有成為與國家權力敵對的決定性因素。但是，當佛教與在其影響之下的道教，發展出在家者與在家俗僧的社團時，也就是當某種教派的宗教意識開始出現時，政府自然會斷然加以干預，要僧尼、道士在回到被認可的寺院中、或還俗於世俗的職業裡，這兩條路上作個選擇。」〔註77〕

〔註74〕江燦騰〈解嚴後的臺灣佛教與政治〉，《佛教與中國文化國際學術會議論文集中輯》，頁513。
〔註75〕參見賴建成〈韋伯的宗教社會學說〉，《獅子吼月刊》第24卷第6期（民國74年6月，松山寺出版），頁58～65。
〔註76〕李向平〈專制王權下的傳統中國佛教制度〉，《普門學報》第30期，頁64。
〔註77〕韋伯著、簡惠美譯《中國宗教：儒教與道教》（1989年，臺北遠流出版社），

中國如依然維持封閉性的帝國，則宗教信仰則當罕有大的變革，然因潮流所趨中西間的接觸漸趨繁複，使彼此間政治、經濟乃至社會文化層面都面臨到極大的衝擊。以在中國最盛的佛教爲例，因鴉片戰爭開啓帝國主義侵略中國的大門，而中國北方佛教先毀於白蓮、天理等教匪之亂，南方佛教復受大平天國之厄，其生機幾已斷絕，此時因帝國主義入侵帶來的宗教條款之後遺症，致佛教飽受內憂外患，若非教內緇素四眾苦心孤詣，保存他教元氣，則中國有可能淪爲新大陸本土宗教淪喪之覆轍。黃運喜先生在〈中國近代佛教史研究題目發掘與試擬〉文中說：「民國元年至 38 年之佛教，在本質上有許多繼承晚清者，苦僧教育在清末有楊文會之祇洹精舍創建，其所培養之門人太虛大師、歐陽漸等人，則在民國初年大放異彩。晚清廟產興學造成一般風潮，到民國 19 年邵爽秋等人又舊調重提。民初復興各宗派之祖師大德，其養成教育及修持基礎均來自晚清，部份開明僧侶亦思辦僧學堂，以發展僧伽教育對抗政府的廟產興學，中國佛教走向近代化的途徑，與清未民初各地僧學堂（佛學院）之創建有密切的關係。此外，部份有心之士，見佛寺因辦學堂，或改做工廠，或爲兵營盤踞，極少能繼往日之興盛，遂自覺的起而維護；或改造其組織，成立講經會、居士林、研究會；或加強其儀式;或闡揚其義理，發行雜誌刊物（如佛學叢報、佛教月刊）；或籌組印經會，傳印其經典並流通文物，使民國初年佛教義學之研究勃興.。」〔註78〕面對世界走向現代化、科技化的衝擊與腳步逐漸逼近，佛教的作爲眞可謂難得一見的僧俗大團結。李向平在〈專制王權下的傳統中國佛教制度〉文中說：「僧侶的冥思根本無法產生理性的日常生活行爲，甚至，寺院活動還將人民引離了有用的勞動。因此，雖然儒家的現世調適仍然無法達到合理化生活樣式，而佛、道兩教則根本是與現代化發展背道而馳。」〔註79〕不僅是在韋伯看來，在衛道的儒家心中或者是在推行現代化的國人眼中，佛、道的思想與其根本作爲是與現代化發展背道而馳。當時的佛教界，因爲自覺大災難降臨乃團結起來奮鬥，避免了一場覆滅的法難產生。而從軍閥割據到國共內戰，有些僧人走向了共赴國難之路，〔註80〕協助政府救災渡亡，但這時期的大陸佛教已經到了

頁 283～284。

〔註78〕《獅子吼》月刊第 30 卷第 10～12 期。

〔註79〕李向平〈專制王權下的傳統中國佛教制度〉「制度嵌入：佛教中國化的基本路徑」，《普門學報》第 30 期，頁 23。

〔註80〕關於佛教回應國難的赴義行動，參見劉廣華《宗教社會化與國家發展之研究

衰落、殘破的階段。

　　臺灣光復之後，大陸的佛教徒有的常往來於兩岸發展寺務，民國 38 年 6 月因爲大陸來臺諸師以流言猜忌故被捕，中國佛教會在善導寺緊急恢復工作，登記大陸來臺僧尼，設法維持其生活與道業。〔註81〕至於佛教在中國的狀況，民國 39 年「中共於 1 月 13 日發佈『處理老解放區市郊農業土地問題的指示』：寺廟教堂，公共社團等所有之土地一律沒收，加以分配。僧尼願從事農業生產者，酌量分給一部份土地。在處理清真寺、喇嘛寺及教堂土地時，應與宗教信仰問題區別開來。大陸之慘烈土改，就此開始。中國佛教一千九百年相沿無改寺院經濟體系開始崩潰。」〔註82〕臺灣省實施地方自治，而中共於 6 月 28 日訂頒「土地改革法」，徵收祠堂、寺廟、教堂的農作土地及其他公地，全國寺院經濟由是徹底瓦解。中共參加韓戰，發動抗美援朝運動，各地青年僧尼均被迫參軍，罷道離寺，開赴戰場，寺院僧眾由是星散。國府公布「修正懲治貪污條例」及「375 減租條例」，中共於 11 月 10 日頒訂「城市郊區土地改革條例」，規定寺院在城市郊區的農業土地予以沒收，各大都市之寺院多被破壞或改爲工廠、倉庫、宿舍等用。〔註83〕在中共的治理下，佛教遭受到前所未有的法難。客觀來說，雖然佛教遭到無情、慘酷的法難，但也給兩岸的佛教徒有一個反省的機會，危機與生機其實都在眼前，也掌握在自己的抉擇中。〔註84〕

（二）中共統治下的佛教

　　民國 38 年大陸淪落於共黨政權之後，海峽兩岸佛教分歧之處，愈來愈多，隨著臺灣的民主化、國際化的腳步加快時，兩岸佛教的岐異之處，也越來越明顯。共產黨人堅持以辯證唯物論來解析世界的一切現象，他們認定宗教麻醉了無產階級的鬥志，乃欲藉對宗教的批判來改造社會。中共認爲：「宗教問題，一方面是人民群眾的信仰問題，即思想問題；另一方面在階級社會裡，又是階級鬥爭的工具，即政治問題。因此必須在宗教界進行反帝愛國運動和社會主義教育

　　——從社會化觀點探討宗教與國家之關係》（師大三研所博士論文，民國 88 年 6 月），頁 290～294。
〔註81〕《白公上人光壽錄》「民國 38 年」，頁 250～251。
〔註82〕《白公上人光壽錄》「民國 39 年本年大事——教團」，頁 250～251。
〔註83〕《白公上人光壽錄》「民國 39 年本年大事——社教」，頁 260～261。
〔註84〕《仁恩夢存》，頁 116 云悟明法師與樂觀法師的對話，悟明法師選擇在臺灣奮鬥，而樂觀法師不忘大陸情，四處奔波。

運動，以劃清敵我界限和根本改造其政治立場。意識形態上的分歧，有神與無神，則是可以立異與存異;宗教信仰自由政策，就是爲了立異與存異，目的就是便於正確處理這一人民內部矛盾的問題。」然中共所謂的信仰自由,有一先決條件，即是不能違反共產主義的唯物辯證法和共黨的利益。這與一般尊重人性尊嚴與個人自覺的宗教，在本質上相違背。所以中共政權統治下的大陸，宗教信仰自由一直受到侵害。從 50 年代起，中共官方正式認可天主教、基督教、伊斯蘭教、佛教和道教等五種宗教，並建立一個官方組織直接加以控制，任何未經該組織認可的宗教活動都在禁止之列。1982 年，中共統戰部發佈 7 項禁令；一、禁止開設私立寺院教會。云未經允許不得舉辦販依、施洗等入教儀式。三禁止印刷佛經、聖經及書刊會報。四、禁止與外國寺院教會聯絡或購買書籍文物。五禁止在生產隊及人民公社內傳教。六除星期日外不得禮拜。七禁止向未滿十八歲青少年傳佈宗教思想。此政策推行之下，佛教變成統戰工具，寺廟成爲觀光勝地，宗教的精神隨之淪喪殆禁。〔註85〕另據北京 81 年 3 月 15 日美聯社電云：鑑於蘇聯束歐集團解體的教訓，爲防止大陸宗教領袖亦可能暗中破壞共黨統治，中共於一九八九年起，即開始對大陸的各種宗教活動展開鎮壓整肅。據美國華盛頓一人權團體指出，從 3 年前中共對宗教的整肅行動開始，最少已有四百名大陸基督徒遭到囚禁，其中甚至有人被囚禁了 6 個月之久；另外，就所知，至少仍有 86 名基督徒和天主教徒目前仍在獄中,實際的人數可能更多。中共對宗教的整肅行動，一部分由於宗教信仰在大陸的日漸普及。據香港聖心堂估計，大陸約有四百萬天主教徒在這些私建教堂裡進行活動。由於天主教會在國際間擁有極大的勢力及影響力，因此這些私建天主教堂中的宗教活動，爲中共當前整肅的對象之一；除了私建教堂中爲數約兩萬人的基督徒亦爲中共整肅的對象之一；除了私人的宗教活動被禁止外，經中共官方認可的教堂宗教活動，亦在中共嚴密監督之下進行。各教堂主持人被迫每週向中共提出報告，有多少人參與教會服務活動，多少人受洗，多少人參加禮拜，甚至多少人到教堂尋求告解。另一方面，宗教活動和民族意識相互連結的西藏及新疆，更是中共中央關注的焦點。在西藏，中共已驅逐了數十位參與獨立運動的喇嘛；在新疆，據中共官方表示，只是一九九〇年一年間，就已經關閉或拆除了超過兩百間伊斯蘭學校和寺廟，而其原因，無非是中共擔心分離主義興起，破壞共黨的統治權

〔註85〕參見賴建成〈中共的宗教理論與政策〉,《獅子吼》月刊第 24 卷第 5 期（民國 74 年 5 月 15 日，松山寺），頁 26～29。

威。〔註86〕

　　臺灣的正信佛教，源自大陸，因此對於中共地方幹部毀寺逐僧問題，臺灣的佛教界很是關心，在刊物上評論說：「據來自香港的消息：貴陽市白雲區沙文鄉陽尖坡金山寺，於 1991 年 12 月 18 日黎明前，被中共地方幹部炸燬。寺內佛像、經書、法器及私人財物等全部被毀，寺內尼師被挾持強送回俗家，守廟居士被押送公安派出所，群情激憤。據貴州沙文鄉百餘位佛教道友聯合向中共省、中央級主管單位呼籲，請求嚴懲地方惡幹，恢復憲法，尊重宗教信仰的自由。據該沙文鄉金山寺信佛群眾呼籲文件稱：『陽尖坡金山寺始建於清代，已有近二百年歷史，歷來為當地群眾燒香拜佛的場地，寺內一直有僧尼常住。解放初期，金山寺僧尼支援解放軍，清匪反霸，解放軍駐紮寺內，僧尼為解放軍燒茶煮飯，解放軍保護僧尼和寺廟，關係融洽親如一家。』文革中，金山寺被拆，黨的十一屆三中全會後，當地的信徒在原址搭起茅廣。85 年，信徒們自動捐資修起了廂房、大殿，把金山寺一脈相傳的尼師真慧、慧修請回金山寺。87 年，鄉長易人後，鄉政府拆除了廂房大殿。90 年又沒收了佛像、法器。隨後，信徒們又進行維修，並向各級政府及佛協請求，保留自古以來就有的金山寺。中國佛教協會 91 年 1 月 16 日，行文請貴州省佛協進行「核實調處」。省佛協正副會長慧海、聖中等法師，多次到金山寺核實，並向沙文鄉、白雲區多級黨政領導及省市宗教局，反映請求維持現狀，信徒們也四處奔走，呼籲請求保留這個簡易的佛寺。不料，正在調處過程中，91 年 12 月 18 日晨，天尚未明，忽來一夥青壯年，撞進金山寺大門，把兩位尼師及六位女居士抓起，已入睡的拉下床，不准照亮，不准說話，不准穿衣，不准解洩，不准收拾東西，不說明任何理由，不出示任何證件，兩個尼師各被兩個男青年，使用暴力挾持拖出廟門，繞過居民住房拖下山，推上停在那裡的汽車，尼師送回俗家，居士送進沙文鄉派出所（晨 8 時許放出），6 時左右，幾聲巨響，有近兩百年歷史的金山寺被炸燬，斷磚殘垣，一片瓦礫，慘不忍睹。當地鄉政府採取強制的粗暴手段，把已出家的尼師送回俗家，把古廟財物炸燬，這如何體現黨的宗教信仰自由政策和江總書記提出的三個尊重保護？如何體現憲法和法律的尊嚴？」〔註87〕

　　由於中共政權的建立，是奠基於無神論的唯物史觀和無產階級專政的極

〔註86〕《中國時報》，81 年 3 月 16 日「大陸新聞」。
〔註87〕《獅子吼月刊》第 31 卷第 7 期「教訊」。

權統治，因此不像臺灣的政權，它對於任何宗教及民俗信仰都採取了監控與鎮壓的手段。由中共憲法第二章第 36 條的立意精神來看，它還是約制著人民宗教信仰的自由。〔註 88〕對於中共統治下的佛教以及兩岸佛教的不同，劉廣華說：「從事實之演變而觀，佛教的虛雲老和尚、天主教的雷鳴遠神父以及各宗教，均於中共建國以迄文革期間，遭受的荼毒迫害。此期間，大陸佛教界幸有圓瑛法師、明暘法師和趙樸初等護法居士鼎力護教，以與週旋，方得以保存最低層次的樣版。而自從鄧小平復出，施行改革開放比來，佛教復甦的樣態，大多仍限於民間祈福消災等迷信的位階，絕大多數的高級知識份子，依然從唯物的觀點來認知佛教（包含了所有宗教）教義及其與國家之關係。臺灣佛教比起大陸各宗教的境遇，就顯得幸運許多。雖然從 40 年代到解嚴開放之前，近 30 年間，佛教和其他宗教均受到外有敵國外患等憂患意識的影響，在宏揚教義及社會活動方面未能盡性開展，然而，深一層探討，除了政治因素之外，經濟力尚未蓬勃起飛乃是主要之關鍵。」〔註 89〕

　　中共擔心的是威權政權的鞏固，但實施共產制度的結果，造成經濟上的困境。臺灣從 60 年代起的經濟奇蹟，連帶使得臺灣的僧侶有錢了、闊了，他們想起大陸的祖師年久失去聯絡與孝敬，祖廟遭俗人霸佔與失修，就勃然興起大陸之行。有的組成祝壽團，有人帶數萬臺幣修廟，大陸同胞眉開眼笑之餘，似乎勾起了對佛教的信仰，讓中共當局緊張，一度嚴禁臺灣僧侶入境，但基於某種需求不得不作適度開放。據林本炫在「第一屆兩岸宗教文化交流座談會」中云：「臺灣的佛教界，可能對中共社會主義下的宗教政權，沒有初步探索，開放探親之後，有一點一頭熱的情況。我們都知道，共產主義本身是無神論，為何最近又會開放宗教信仰自由?這是一個矛盾，關於這矛盾的情況，我們認為這不過是一種統戰的伎倆，或者說是為了開放寺廟作為觀光之用，以賺取外匯。」〔註 90〕

（三）臺灣的宗教生態

　　大陸僧人來臺，除了力圖生存之外，也力圖改革佛制，〔註 91〕發展佛教

〔註88〕翁松燃編《中華人民共和國憲法論文集》（1985，香港中文大學出版社），頁 275。
〔註89〕劉易齋，前引書，頁 312～313。
〔註90〕《兩岸宗教現況與展望》（民國 81 年 10 月初版，臺灣學生書局出版。），頁 299。
〔註91〕《白公上人光壽錄》「民國 40 年本年大事——社教」，頁 261～271。

勢力，當時政府也要求佛教反共支持政府。〔註92〕佛教在臺灣的宗教生態，是極其複雜，宗教文化也相當的豐富，人民的活力是充沛的，這些都跟大陸的宗教環境大是不同。佛教在中國大陸的發展，受到相當大的限制與控管，其生機停滯不前；反觀臺灣的佛教，自從政府播遷來臺之後，在安定的政局之下，高僧大德仍延續著傳統的步伐邁進，轉化日據時代留傳的齋教信仰使趨正信，並隨著傳戒、講經說法的風行，以及佛學院的設立，研究義學的居士急速的增加，頓使佛學研究成為當代的顯學。目前，佛光山、慈濟公德會、佛教會等籌辦的事業，正如火如荼的開展，但以我執我見且是山頭林立的鬆散僧伽組織，加上破脆枯萎的予孫廟經濟型態，是否能面對急劇變動的世局，並擔荷起如來普渡的宏願，教界中早有不少人在關注這個問題，擔心這個現象產生惡化，尤其是當各教團的請導者健康出現大問題不能管事時，又會出現甚麼樣的傾向。因此，已有甚多人士大力呼籲國內的大教團要整合，整合才有力量，並盼望僧團有一番前瞻性的願行，這在淨心法師與聖嚴法師的願行上可以窺見。

　　臺灣的社會，隨著憲政的逐步落實，依法而治的精神昂揚，并因40多年來經濟的卓越發展，現代化的呼聲高漲，社會族群的活動隨著全球性與現代化的現象更趨於活絡，各教團也面臨著非整合不可，以及共同開創新局的挑戰，彷彿幫前誰的思維不明確、不明快，誰的角步慢，誰就是落伍者，旋即會遭時代的風潮與巨浪給埋沒、吞蝕掉。各教團在臺灣競爭的形勢，甚為明顯與緊張，然而自從開放大陸探親後，宗教界面臨到一個嶄新的局面，新的舞台出現了，所以臺灣的教界爭先恐後將其傳承與文化發展的空間伸向大陸，致使本土教團間的衝突，由競爭緊張而漸趨於緩和，乃至於歸向平淡，最後皆兼具到大陸傳道的使命；〔註93〕而佛教顯、密人士，也不斷在對話與融通信仰、教理上的問題，密宗熱使得本土密宗勃然興起，其他新興教團也人才輩出，山頭林立下，突顯出宗教在臺灣弘化的層面上有競爭有分工的現象；各教團在接引信徒上，技法上的不斷推陳出新，教化活動配合著藝文、環保與科技，乃至於神話遊戲與休閒、養生，這對教界來說真是可喜的現象。

〔註92〕《白公上人光壽錄》「民國41年本年大事──僧伽」，頁275。甘珠爾瓦呼圖
　　　　克圖、慈航、律航應副總統陳誠之邀後，秋季偏歷全省各縣寺，弘揚佛法，
　　　　慰問信徒，宣揚政府宗教政策，鼓勵衛國衛教衛民。
〔註93〕闞正宗，前引書續編，頁462。

　　臺灣宗教界欲往大陸弘法傳教，問題固然不少，兩岸睽隔已是多年，社會體制與宗教政策差異極大，兩岸的宗教交流，勢必衍生出各種問題；〔註94〕但這也是雙方學習的絕佳機會，且可以讓更廣大的民眾，能體會出在現代科技高度文明下，如何過著一種合乎於理性的宗教生活，以及講求倫理道德實在必要，因為人性的祥和實有助於人類的安定感與創發力。80 年代來兩岸的宗教發展，大有改變，學界重新檢視宗教對經濟發展以及對現代化的容受、貢獻。李向平在〈專制王權下的傳統中國佛教制度〉文中說：「近二十年來東亞地區和中國大陸經濟發展的經驗，以及諸如慈濟功德會、佛光山以及法鼓山、中台禪寺等教團的發展，讓學界感受到需要針對此一論旨（把人民引離了有用的勞動，與現代發展背道而馳）重行研究，方能更進一步地檢視宗教倫理與現實經濟生活間的關係。」〔註95〕

四、宗教政策與佛教教育

　　關於兩岸的政權統治，在講求民主、自由的人士來說，都是威權統治的政治實體，只是中共講究硬式的威權主義，我們的政府表面上朝向民主之路，骨子裡還是威權，如跟中共的威權相對應，可以稱我們的政府是軟式威權者，套句佛教徒的話說：「政府美其名輔導宗教，實際上是要管理宗教」。李豐楙在〈當前大陸道教的發展及其情況〉文中說：「基本上，中共認識到宗教問題，是信仰問題、思想問題，也是政治問題。」〔註96〕所以中共的對佛教政策，如同白聖法師說的，此邊民主自由、信徒數百萬，而大陸雖然表面上看起來

〔註94〕靈鷲山般若文教基金會《兩岸宗教現況與展望》「龔鵬程序」。（民國 81 年 10月，臺灣學生書局。）

〔註95〕李向平在〈專制王權下的傳統中國佛教制度〉，《普門學報》第 30 期（2006 年7 月，佛光山文教基金會），頁 39。強調正信的人間佛教教團，還是鼓勵出家，反而是深入民間弘化的南亭法師以及跟青年佛子過往甚密的明復法師，以接引青年佛子為主，佛子出家與否是自己選擇的，不論出家都對佛教的弘化有所助益。此外人間教團的崛起，也不得不順應人心以及時代的需求，所以它們能在社會受到廣大的民眾的崇信，吸收到更信徒，壯大了聲勢，得到政府與官吏民代豪族的護持，獲得到更多的資源，從事社會濟話活動。制度下的宗教與民間佛教徒密切結合在一塊，推展出人間佛教，這是專制時代所難見的景象；一方面寺院不缺出家眾，一方面佛事不缺人手，另方面民間佛教徒在募捐上與弘化上比出家人便利很多。但佛教是否因此對民眾的苦難有真正的救濟，以及經濟的提昇、心靈的成長等，有所助力，還有待長期的觀察。

〔註96〕《兩岸宗教現況與展望》，頁 223。

仍有宗教信仰，但情況是：「各位不要受其蒙混，共匪是不信仰任何宗教的，這是他們的教條，也是鐵的事實，共匪對佛教徒所送的秋波並不是他真的信仰，而是他們的陰謀。」〔註97〕最近聽大陸名文學家在香港受訪時，人問其對 64 天安門事件的看法時，其說：「目前，大陸自由多了，有些事只要不說開來就沒你的事；如是寫文章，寫敏感的東西總還是會被東刪，或向西說此不可寫，也要捨掉而已！」兩邊政權的國父是同一個，雖然馬列主義跟孫中山的理念，大有出入，但孫中山先生說：「主義是一種思想，一種信仰，是一種力量。」那信仰宗教者的群體力量，在國民政府的眼中，該是甚麼樣的地位呢？怎麼管理？怎麼樣使用？這可以從政治與宗教的課題中去考察了。

（一）政教關係

關於臺灣佛教的整體發展，以及政府宗教政策的演變對佛教產生的影響是好是壞，要從大歷史、宏觀的史實以及比較宗教學的角度來探索，才會看得清楚看得透澈。當時在政府與佛教界中，有一個中國佛教會當溝通橋樑以及共謀弘法的管道，但「佛教會中，反見歧異，諍訕漸多，影響所及，智者不無杞憂。」白聖法師乃撰〈從佛教會談到人生佛教〉一文，談佛教會的性質及其功能，呼籲教界團結，說：「實現人生佛教，應從自思己過、得個入處。」〔註98〕

以臺灣而言，政府對宗教教育的政策，在初期的威權時代，一般被歸納為四項。一是不提倡；二是不鼓勵；三是不重視；四是不瞭解。佛光山開山宗長星雲法師在〈談人生觀與感情世界──出家也是一種無盡的愛〉一文中，論及佛教應該走入民眾的生活裡面，有一段發人省思的對答，全文如下：「問：『有人認為早年佛教在臺灣曾因執政者的信仰不同而受到壓抑，現在佛教則日越活躍，您以為如何？』答：『從佛教傳到中國二千年來，有的政權就排斥佛教，所以在中國佛教史上有三武一宗的教難，到了近代，太平天國、文化大革命對佛教的摧殘也是厲害的。佛教不同於一般的學術，甚至不同於儒家，每次排孔或是打倒孔家店，則孔子學說就沒落，佛教不同。它有信仰，您怎麼摧殘它，它是有殉道的精神，你越迫害它，佛教的反彈越強。中華民國的政府對宗放的政策是自生自滅，你好讓你好，你不好讓你不好，信仰自由，不過在傳教上有一些限制，譬如說過去監督寺院條例是針對佛教、道教而來，

〔註97〕《白公上人光壽錄》「民國 47 年」，頁 339～340。
〔註98〕《白公上人光壽錄》「民國 45 年」，頁 323～325。

而天主教、基督教沒有什麼宗教法限制，它可以自由傳教。近年來臺灣走向自由民主的趨勢，也給佛教帶有一個契機，而我們也不諱言說有一些新的傳教觀念和方法，如人間佛教、生活佛教啊，佛教大開善行走向社會。佛教底該走入民眾的生活裡面去啊，這些都很能符合現代人的心理需求。這幾年來，佛教因為這漾的帶動，發展就更快了。多少年前說是對佛技有所限制吧，我想也不是很強烈的，最主要是我們本身沒有人才，所謂『人能弘道非道弘人』；尤其現代佛光山的出家人大專畢業的就有二百多人，其他至少是高中畢業，如果把佛學院算進去，則我們可以說所有佛光山的出家人至少都是大學畢業。唯有教育水準提高，我們傳教的品質也就慢慢地不一漾了，容易獲得信徒的接納。」〔註99〕現代的佛教山頭，尤其強調正信的，都很重視人才教育，所以一一開辦起佛教大學來了，而都各有其志業。〔註100〕如慈濟，強調「人的完全。」〔註101〕法鼓山會眾，則強調與師同願，「護法信眾感恩相聚」、「當個奉獻人是個有福報的人。」〔註102〕而中台山有所謂的「五統弘教」、「全人教育」、「社教普傳」宏教理念與作為。〔註103〕這些教團，又其共通的性質，〔註104〕簡言之都是在發揮無緣大慈、同體大悲心，服務人群，造福社會。

　　佛教自從阿育王時代，就已深深的覺悟到肩荷世界法要與文明傳播的使命，進入中國也不例外，不因政權的轉移，不因政治的壓迫，不因外道的詆毀，不因環境的變遷，而改變「無緣大慈、同體大悲」的願行。雖然，我們不禁要問：為何政府對於宗教教育會採取上述的四項心行？可以歸納出幾個原因。最根本的因素是政教情結。中國自秦漢展開大一統集權專制以來，政、教或君王與宰相之分際與衝突很多，宰相或掌權者勢力一大，就常被懷疑有竊國之嫌，遭殺神之惑者在史冊見矣。更何況是常被儒家，詆毀為「妖言惑眾、不敬君親、超越三界」的僧伽。一個健全、統一、有權柄的佛教僧團，在有心人士眼中，彷彿是國中有國，不知何時會暴發衝突甚至危及政權。所以，深具國家規模的僧伽組織，當然是中國君王與禮法所不容許的，所以

〔註99〕《自立晚報》，81 年 1 月 20 日 13 版。

〔註100〕劉廣華，前引書，頁 311～341。

〔註101〕廖威凌〈娑婆世界中的琉璃——證嚴法師人間行腳〉，民國 90 年 6 月 5 日《中央日報》「副刊」。

〔註102〕2003 年 4 月 1 日《法鼓雜誌》「特別報導——感恩年會」。

〔註103〕參見劉廣華，前引書〈中台山的弘教事業〉，頁 329～340。

〔註104〕其共通點，劉廣華將其區分為僧伽素質、社教功能、資源運用與政治態度方面，參見劉廣華，前引書，頁 340～341。

要規範、限制其在王法、宗法之下。

其次，中國傳統文化，看似是以儒家文化爲主流，其實成份蠻多的。〔註105〕儘管佛教在歷史上發揮相當大的影響力，即使執政者與士大夫的行事不見得依據儒家思想，他們依然強調儒家思想爲治國之要，人間行事之圭臬。近世受西方文化與文明衝擊甚深的臺灣，已被人批評與質疑當代人受儒家思想影響的有幾許？瞭解儒家思想的國人有幾人？臺灣的經濟奇蹟真的儒家的影響嗎？臺灣的執政者、學者乃至於鄉井小民，有幾人夠資格稱得上是儒者？雖然問題重重，我們的大眾媒體及一般人的口頭禪還是認爲我們思想的主流是儒家思想，因爲從幼稚園起，到研究所課程課本、標語期刊論文，甚至旅店、報紙新聞，以至於教會、車站那個角落少了儒家的蹤跡。國人平常忙於俗務，不覺得儒家的陰影，那一天談起中西文化與世道人心時，不知不覺中也能流露出儒家的情結。認爲重視現實人事的儒家是入世的、積極的，對提昇心靈與智智慧的佛教卻誤以爲是遁世的、消極的。〔註106〕

乍看佛教與政治其實有其同處，那就是同爲世人作服務，或說：「佛是一種積極救世的哲學」，「而佛教徒本身，偏偏自絕於國人，不去發揚光大，救民救世，這是誰的最過？」「民國以來，因襲舊有的輕佛鄙佛觀念，加以西洋新興思想之誹詆，佛教徒本身以久經壓抑之故毫無反抗能力，迭經摧殘，不絕如縷。佛教徒本身，亦多妄自菲薄，苟且偷安於牛角尖裏。固步自封，不想去發揚光大，恢復舊觀了！」〔註107〕有了佛教是消極的、解脫的、非政治的這種偏差觀念，實在資本主義衝擊、物慾橫流的現世，要以佛法去端正善良風俗，在不是一件易事。以中台禪寺剃度風波爲例，聖嚴法師說，「中國人對宗教的偏見其來有自，其實西方人也是一樣，特別是不能認同出家的行爲。一般父母對女兒要出嫁都很歡喜，但到了臨上禮車了，還會感到不捨，而出家更被認爲是不正常的生活。比起西方宗教，佛教徒是比較消極。」黃光國

〔註105〕佛武〈以佛教爲中心的政治理論〉，《佛教與政治》，頁60云：「一部中國的政治史，表面上似乎是以儒家爲心，其實是招牌、是空壳。仔細分析起來，內裏有法家精神與管子一派的唯物論（衣食足而知榮辱，食廩實而知禮義），及有更大勢力的黃老無爲主張，都佔有中國政治思想的廣大領域，馴至東漢佛教西來，遂駸駸乎有凌駕一切之勢，在人民心理上及文化上都發生巨大變化。」（民國68年3月，現代佛教學術叢刊編輯委員會）
〔註106〕賴建成〈當前社會現象與佛教教育的考察（四）〉，《獅子吼》月刊第31卷第11、12（民國81年11月，松山寺），頁31。
〔註107〕佛武，前引文，頁61。

教授則說：「宗教與華人社會一直都有衝突，因爲華人社會是以儒家思想爲主，重視家庭生活，也強調每個人傳宗接代的責任，而這些都與佛教信仰有潛在的衝突。」〔註108〕

　　中國的社會，常見的是各種思想、習俗融合在一塊的現象，早期的臺灣如是，正信佛教傳布發達的現代也是如此，孝道就是其中之一，拜拜與求神問事更是臺灣人的普遍現象。一方面是政府有在輔導，一方面跟地方上的信仰有關，且演變成一種善良風俗與觀光活動，或者兼具休閒的跑香、朝山文化，跟原純正的宗教信仰大不相同了。瞿海源教授在〈臺灣與中國大陸宗教變遷的比較研究〉一文中說：「在臺灣光復之初，在扣除了其他各類宗教徒的人數之後，約有九成五以上可視爲中國民間信仰的信徒。」〔註109〕佛教在70年代開始興起，連帶其與社會的衝突性，就與日增加，聖嚴法師認爲：「我對佛教最近幾年的興盛，就隱隱有些擔心，會有一天出現大紕漏，而中台事件剛好可以提供一個檢討的機會。」〔註110〕除了民間信仰與傳統孝道觀念或禮俗，當然佛教還有很多問題存在，如昭慧法師的「參與政治問題」，〔註111〕佛教徒參政有人贊成〔註112〕有人反對問題，〔註113〕或說佛教僧尼一直在以當人天師爲己任，當擺脫以往依託政治、權貴、士大夫，佛教才能振興的權宜心態，對於所謂的外道也不必心存忌諱甚至於排斥、詆毀，效法佛陀的精神敞開悲憫、寬容以及濟世的胸懷，隨緣度化。乃至於有人說：「佛教徒該組織一個政黨！」〔註114〕但在中國人傳統的立場來看，政治與宗教判若兩途，但如今是以民立國的時代，佛教徒尤其是僧尼從政，我們不能如古人大驚小怪，當如同星雲法師說的，以隨喜來長養自他的善心，不然也要想到「佛祖何嘗薄於國家觀念乎？」〔註115〕宗教關心國事發揮仁王護國的心行，以及國家當訂定長遠的宗教法令便利宗教發展、淨化人心，在政府與宗教雙贏下，培植

〔註108〕張春華〈以出世心情入世宗教問題攤開談〉，《中國時報》，民國85年9月16日「社會脈動」。

〔註109〕林本炫編譯《宗教與社會變遷》「臺灣地區宗教的變遷」，頁393。

〔註110〕張春華〈以出世心情入世宗教問題攤開談〉，《中國時報》，民國85年9月16日「社會脈動」。

〔註111〕參見釋昭慧〈宗教眞能超然於政治嗎？〉，《中國時報》，民國89年3月3日「時論廣場」。

〔註112〕佛武，前引文，頁61。

〔註113〕震華〈歷史上僧人參政之光輝〉，《佛教與政治》，頁311～327。

〔註114〕佛武，前引文，《佛教與政治，頁61。

〔註115〕震華，前引文，《佛教與政治》，頁311～312。

國力，這是當前學者專家與教界最當關懷的課題。

（二）宗教及其教化

　　古來的佛教重視修持與弘化，不特別注重俗世的學制，在臺灣初時亦然，有人批評日人佛教大學雖多，只有佛學而沒有佛教，南亭法師則說：「殊不知日人的愛國、愛教、公德心，似乎都比我們高明，這是不是佛學起的作用，我不是日本通，就不知道了。」〔註116〕佛教非佛學這個論題，在臺灣宗教界、知識界爭論許久，客觀來說是無聊的事，以佛教立場卻有意義。佛教界也辦過俗世性的學校，如道安與南亭，〔註117〕後來更多了。民國42年，教育部核准基督教在臺灣成立大學，〔註118〕而佛教的腳步總是慢了許多，這是政府的宗教政策使之然。

　　或說佛教辦教育，要有其宗教特有的精神，以此為精神培養出來人才，才能宏法利生；此外宗教辦教育，是辦俗世的教育學校，還是辦宗教性的學校；宗教辦學校，要有前瞻性，補國家教育的不足，如是才符合「仁王護國的傳統」。〔註119〕因此，不論是僧是尼是俗世之人的品質，對於國家發展，都是很重要的。

　　而社會上對於宗教的知識普遍的不足，產生了人神歪風以及以宗教名義騙財騙色的窘境，讓人不忍目睹，宗教界也恥於談論。傅佩榮在〈由宗教哲學對兩岸宗教文化的初步反省〉文中說：「宗教方面的種種問題，在內涵上不外乎人心迷惘，在形式上則又歸諸教育失策。40年來我們並沒有宗教教育，當然，所謂的宗教教育，可以指廣義的讓人安身立命的教育，因此包括生活倫理，文化教材之類的課程在內，但是這些課程並未受到應有的重視，同時不曾發揮其宗教方面的作用，以致收拾不住人心，演變到今天半宗教半迷信

〔註116〕釋南亭〈一個好現象一個新希望〉，《南亭和尚全集》，頁336～337。

〔註117〕釋南亭〈為智光職業中學致覺世旬刊讀者逼封公開的信〉，《南亭和尚全集》，頁24～27。佛教徒辦俗世事業，有的人為了文化事業如悟明法師在《仁恩夢存》，頁126～127；有的是比較異教徒對社會貢獻，決心迎頭趕上，如南亭法師。

〔註118〕《白公上人光壽錄》「本年（42年）大事——社論」，頁305。

〔註119〕佛教在中國的傳統，在俗世上稱為義行，很多設施都立個義字，如義邑、義塚，很明顯是輔助國家社會的不足之義行故。震華在〈歷史上僧人參政之光輝〉文中說：「《仁王護國般若經》中，一再詳示仁王護國之道；日本僧人榮西，留學天童而回，著《興禪護國論》三卷，內分十門，第二鎮護國門，有云：『建立禪院，其意專為護國家，利眾生之故。』又長蘆真歇了禪師早課回向偈云：『國家安寧兵革銷，風調雨順民安樂。』觀此，佛祖何嘗薄於國家觀念乎！」（《佛教與政治》，頁312）

的風氣瀰漫各處，此一現象值得省思。」〔註120〕

　　所以，從事教育者，不懂得國家及宗教的重要性，不能說是懂得辦教育的人。舉例來說，多年來有心人士想辦佛教大學，但是教育部不准，理由是國家現階段需要的是科技人才，然而臺灣近四、五十年來在科技及經濟的發展上已經到達了相當高的層次，而人文的素質卻還很不夠。某教授說：「筆者曾在大學任教，深覺我們這個時代的臺灣人幾乎對中國過去的歷史很陌生，數十年來中西學界對中國史的研究，已經有相當輝煌的成果，但很難傳達下去，問題就出在整個大環境。」這是因為臺灣政治界、科學界沒有真正的強調與認知，物質文明的發展，該立基於精神文明之上，物質文明的提升，精神文明也該隨之增上。〔註121〕

　　目前的臺灣社會，已有共識以「人文」來提升品質。至於佛教辦學，華梵大學或玄奘大學、佛光大學、南華管理學院之類，僅可算是一種宗教性與世俗性兼具的學校，與一些高僧大德心中真正想辦的佛教性質的大學，在宗旨與學制上迥然有別。所以說佛教僧團當再教育，不僅要了解政治，對於憲法、法律以及法規諸如宗教法人法、人團法、教育法規等當加以研究，仔細評估可行方案，才不致於打迷糊仗、白忙一場還沾沾自喜的說：我很努力在辦教育。問題當中，道安法師辦俗事學校，就是一個讓教界省思與痛心的例子。〔註122〕僧團結構健全，品質也提昇了，理念宏觀才，條件具足了，可望推展教化人的工作。佛教的社團，以及人間佛教的教團不斷地在社會發展，佛教在行化上可以是一個居士在行化，也可以是一個團體在進行，乍看下辦佛事是興盛不少，但離佛教的本質空、慧不二、人、我一如的境界還是很遙遠的，這是群體教育與個人自覺與教育的問題了，也是整體國家教育政策發展上的問題。

（三）政治與宗教問題

　　在臺灣，佛教的文化建設與佛學院的教育，早年不發達，因人才兩缺，

〔註120〕《兩岸宗教現況與展望》，頁83～84。

〔註121〕莊懷義等，《展望二十一世紀》，「第十一節創造人類文明的新境界」（民國86年6月，空中大學），頁423。

〔註122〕南亭法師〈悼道公長老圓寂一週年紀念——為出家人辦在家學校者進一言〉文說：「佛教徒，尤其是出家人，欲與社會發生關係而產生傳教作用，非辦慈善、教育、文化不可。倘若涇渭不分，一味出之於婦人之仁，則皆變成養老院、收容所，則成何體統。」（民國67年1月1日，《道安長老紀念集》，頁57）

其範圍僅限於富裕的寺廟；除了經濟因素，還有社會對佛教的觀瞻以及寺院主事者自我的認知，其次當然會說是政治因素。〔註123〕爲何說政治因素會導致政府早年不重視宗教教育呢？在社會變遷瞬息萬變中，政府的公權力極須調整，政府對一些具有群眾力量的團體組織一向特別謹慎處理，如一貫道與新興宗教，其活動常受到嚴格的限制與監視，與傳統宗教間的隔閡很深。〔註124〕在佛教方面，只能在中國佛教會下發展，以佛教青年會與佛教史學會申請成立的問題來看，經過幾番波折青年會成立了，中國佛教史學會流產，這是環境與人心使然的，因爲政府認爲已有一個中國佛教會。〔註125〕賴建成說：「明復法師晚年對此往事還是很掛懷的，因爲他關心著佛教教育的發展，除了佛教藝術之外，他老人家特別重視佛教史。其拿稿件給黃英傑君看，黃英傑拿此文件去拜訪李志夫教授，直在述說著一幕幕陳年的往事。」王蜀桂在〈宗教可以救社會〉一文中提到：「對於輔仁大學爭取10年，終於得到教育部通過的宗教系、宗教研究所，多次赴大陸觀察宗教的李震神父，頗感慨的說：『別看中共是專制統制，只要發現需要立即設置，效率極高。10年前大陸開放，他們了解宗教的重要，馬上在10所重點大學設宗教學系培育懂宗教的專才。如今大陸有關各宗教的專家學者，起碼有數百名。』反看我們設宗教系，進教育部就被打回，政府老擔心宗教系變成神職人員專修班，其實經過聯考分發，不大可能。輔大費了9牛2虎之力才得到，基督教、佛教仍被種種規定束縛，動彈不得，唉！對於病得厲害的臺灣社會，李震神父認爲只有藉宗教力量，才能使人人活出生命尊嚴，進而改善社會風氣。」〔註126〕相信他的想法，也是大多數宗教家共同的體認。星雲法師說：「這彷彿是在穢濁的惡風中，注入一股清流，讓人重拾信心和希望」〔註127〕由於政府當時的作爲，讓教界覺得政府是儘量不令宗教活動蓬勃，或是任由宗教自己去發展教育（指佛學院）。這是政治與宗教各自歧路的時代，是認知問題也是統治問題，但是在歧路上的各自發展，佛教界也不斷地在適應環境以及尋找生機。

〔註123〕南亭法師〈漫談佛教（一）〉，《南亭和尚全集》，頁312～320。
〔註124〕參見林本炫《臺灣的政教衝突》，民國79年8月稻香出版社。
〔註125〕參見明復法師〈中國佛教史學會創辦始末〉，《明復法師佛學文叢》，頁151～204。
〔註126〕《中國時報》，民國81年1月22日。
〔註127〕星雲《迷悟之間》1「有佛法就有辦法」（2001年3月初版，臺北市香海文化出版），頁47。

（四）宗教新趨勢

在中共宗教最嚴厲的時候，宗教在大陸並沒有消失，而是轉入地下發展，到了 80 年代轉而繁興。在臺灣的宗教方面，光復之初政經局勢不甚穩定，基督教在那時卻有驚人的發展，這跟政府高層的宗教信仰還有傳教士的素質有關。60 年代中期經濟起飛以後，世俗性極強的民間信仰開始大行其道。瞿海源在〈臺灣與中國大陸宗教變遷的比較研究〉文說：「在人口移動頻繁社會因發展而產生焦慮不安或不確定感時，會促成民眾藉著宗教來調適。同時，傳統及正統的宗教對民眾來說，已失去了吸引力。同時，新興宗教乃不斷興起。人口自鄉村移自都市，傳統信仰的根深蒂固，也會優待都市新興地區出現許多私人神壇。」〔註128〕對於民間信仰，尤其是神壇現象的在現代社會的興起，正信佛教徒會認為是政府在教育上缺乏宗教教育使之然的。經濟發展帶來豐富的社會經濟資源，有助於宗教的發展。瞿海源在〈探討臺灣地區宗教變遷的原因〉文中說：「60 年代中期經濟起飛了，社會和政治局勢趨於穩定，人們開始重視現實或現世生活的享受，嚴格講求清教徒式非世俗化的宗教，如佛教、真耶穌教會等，因不受世俗享樂的影響，在發展上多半仍會有實質的成長。半世俗化的宗教在發展上受到了阻力，因為一方面由於有較強的世俗化色彩，而另一方面有不夠世俗化，反而造成進退失據的境況，因此天主教和基督教主流教派在教勢上就平緩停滯下來。而世俗性很強的民間信仰卻因與人們追尋現實生活的俗世功利性相當具有親和力，而大行其道。」〔註129〕黎東方曾問大眾說：「臺灣在教育上有何特質？」賴建成答說：「教育普及！」早期政府大力推展博、碩士生，學費全免且給優渥的獎助學金，後來教育政策轉變了，因此有人質疑蔣經國先生為何不繼續推展下去，但教育的普及造成了後來的國家公民意識高漲。

而民眾教育水平的變遷，也對宗教發展趨勢有重大的影響。瞿海源說：「由於接受高等教育的人口愈來愈多，一方面，無宗教信仰者在增加，另一方面，基督教和佛教卻因此有了最起碼的穩定性的支持。但是，還有更多的民眾教育水平不高，仍然習於接受傳統的民間信仰。再加上民眾對佛教在實質了解上有些滯礙，而對西方宗教則仍有較強的排斥心態，他們就長期附著於民間宗教。」

〔註128〕林本炫編譯、瞿海源校閱《宗教與社會變遷》（民國 82 年 11 月，巨流圖書公司），頁 399。

〔註129〕林本炫等，前引書，頁 388～389。

〔註 130〕對於民眾對佛教在實質了解上的滯礙問題，賴建成說：「由我在佛學院教過幾個地方來看，寺院給人的觀感主要是須要趕經懺、辦佛事的人才；廟裡佛學院的學生素質也參差不齊，一般來說水平都很低，女眾較多，男眾不易留住。此外，以參加多次的研討會以及社會上的學會來看，居士的修持也有問題，在學養上一般水平較高，但在戒德、修行上普遍不牢靠；所以一般佛教徒，就易於走上廣欽老和尚所批評的人間佛教的途路之上。還有一些號稱佛教徒的，也穿梭在密宗、丹道、神壇與新興宗教之中；在臺灣看起來佛教極盛，其實臺灣的信教者是流動的、朝聖的、休閒的、拜拜的現象極為濃厚。」

　　在政府方面，為了因應由民意推動支配的新民主政治形勢和兩岸經貿及民間互動一瀉千里的發展，也為了在冷戰時代的國際權力重組中爭取更有利的位置，國民黨主導的臺北政府放棄舊日僵固因循的大陸及國際政策（如漢賊不兩立），取而代之的是一個臺北政府認為積極進取的政策以處理、規範臺灣與大陸及國際的關係。為了達到此目的，政府展開了雙重活動策略，一是指向中國大陸，另一是指向國際社會。〔註 131〕

　　由於政府對大陸政策的改變，推展務實外交，影響了臺灣宗教的發展生態，宗教活動也由是從國內之競爭從而找到生路、或找到更好的發展方向；如對基督教在發展上的生機與希望影響最大，之前她受到戒嚴以及佛教的大力爭取市場、吸收信徒、民眾的價值觀世俗化、神職人員不足等社會變遷的衝擊有沒落現象。〔註 132〕民眾的價值觀世俗化，使得民間信仰的神壇與新興宗教逐漸發達起來，「民間信仰的寺廟在數量上不斷增加，而祭儀也越來愈龐大豪華。」〔註 133〕臺灣的一些廟寺，也越蓋越是龐大。對臺灣社會的變遷與宗教的興盛，1979 年是分水嶺。趙天恩說：「自 1979 至 1989 年此十年間，臺灣在生產力與對外貿易方面經歷了顯著的經濟成長。此或許應歸功於蔣故總統經國先生，及他所制定覺開明的國家發展政策，特別是解除戒嚴令，以及大陸的開放政策。」〔註 134〕自 1979 年的解嚴以及推進大陸的政策

〔註 130〕林本炫等，前引書，頁 389。
〔註 131〕王家英《臺灣近年外交政策的趨向》，頁 33。
〔註 132〕趙天恩〈從機督教的發展與現況看兩岸宗教政策〉，《兩岸宗教現況與展望》，頁 170。
〔註 133〕林本炫等，前引書，頁 389。關於神壇林立的現象，在通往山頭與墳場的路旁如新店公墓，行車或走路不多時在轉彎處常見無人管理的神壇，有的是併排建立的，東湖太子爺說：「這是用來超薦亡靈用的！」
〔註 134〕趙天恩〈從機督教的發展與現況看兩岸宗教政策〉，《兩岸宗教現況與展望》，

推行下，基督教有了新的轉機，不論在活動與參加的信徒人數上，都逐年有所提昇；〔註135〕對大陸宣教的興趣也再度產生信心與興趣，其傳教從傳統較靜態的方式轉變成注重靈恩或較活潑的方式，並且拓展新教會。〔註136〕

　　至於佛教方面，也積極群策群力來因應世局之變化，如「海峽交流基金會，於民國80年7月5日邀請宗教界人士，舉行『兩岸宗教發展比較』座談會，由秘書長了中法師及道教、基督教等代表8人應邀參加，行政院陸委會亦派員列席。座談會由海基會文化服務處長周逸衡博士主持。周處長希望與會人士對『海基會在促進兩岸宗教交流應發揮之功能及服務工作』方面提供意見，了中法師首先發言。了中法師對中共在5月中旬拒發佛教出家人簽證一事，承蒙海基會熱心的連繫與協助，表示感謝之意。他並提出三點建議：一、政府開放大陸傑出人士來臺參觀訪問，各方都予以肯定。但有關規定中，卻無宗教人士，因此至今大陸宗教界人士，無法應邀來臺訪問，在發展兩岸民間各項交流活動上，是件很遺憾的事；因此，希望海基會協調有關單位，在兩岸交流的工作上，不要忽視宗教界；同時在『大陸傑出人士』來臺的規定中，應該把宗教歸納進去。二、大陸寺院亟需佛經，藉以弘法利生，但此間佛教界寄往大陸之佛經，大部份都不能收到。希望海基會能透過管道，與中共方面連繫，只要不涉及政治，佛經應予以放行，因為站在文化、學術交流的立場上，不應該堵塞這個管道。三、政府准許大陸民眾來臺探親、奔喪的規定中，僅限一親等的直屬親人，但是出家人因無配偶，當然亦無子女，而大陸來臺的出家人，自己已經年邁，父母早已過世，所以俗親已無一親等家屬；出家人最親者是師徒、師兄弟等，但這些都不是俗家的一等親，而無法來臺。嘗如前年白聖長老過世，我們申請他的師弟明暘法師來臺奔喪，政府卻以與規定不符不予核准，頗令佛教界失望。希望海基會能向有關單位建議，在申請來臺探親、奔喪的作業上，應依個人的身分不同，而作適度的調整。整個座談會，歷經兩個半小時才結束，雖然與會人士欲罷不休，但是畢竟限於時間；因此，主持人希望擇期再談，他表示只要有助於海峽兩岸交流上的發展，海基會將盡力謀求獲致溝通的管道，并做好服務的工作。」〔註137〕在佛教大學的成立以

　　　　頁170。
〔註135〕趙天恩，前引文，《兩岸宗教現況與展望》，頁170。
〔註136〕趙天恩，前引文，《兩岸宗教現況與展望》，頁174。
〔註137〕《獅子吼雜誌》第30卷第8期〈兩岸宗教的發展與局限性〉。

及宗教法人法的制定上，教界也是很努力在推行、辯論。

　　臺灣的宗教界，在教化上有其保守的成份如護教排斥外道的舉動，也有因行濟上的俗化性，且山頭林立時有爭端，讓政府在管理上急想謀出對策。趙天恩說：「在宗教政策方面，政府持續地讓宗教享有極大的自由，然而因政府尚無適當的宗教法令，使得某些僅具有宗教色彩的團體，從事商業活動，導致政府企圖設立宗教法，以便有法可依地管理宗教組織與活動。目前臺灣當局（內政部）正在草擬宗教法，而行政院正與教育部也開始取締部份提供一般課程而未經教育部立案的基督教學院。臺灣政府正企圖以立法途徑，以便將所有宗教團體納入管理。就此而言，臺灣當局似乎有回復封建時代政府管理宗教的傾向。」〔註138〕宗教法牽涉到許多層面，佛教界初時意識到的是新興宗教問題，還有廟產問題，而跟宗教學、社會學人、以及政府主管單位爭辯不休。這個問題如同社區大學的發展，明復法師說：「社會大學本來可以吸引很多社會人士來學習，但加入了正式教育體系，其課程與師資受到規範了，在綁手綁腳之下失去了特色以及競爭力，真是可惜！」佛教大學的設立，也該是一樣的，雖然明復法師也贊成設立佛教大學，這個問題賴建成君已曾為文討論過。至於未來宗教立法問題，林本炫說在〈宗教立法應審慎為之〉文中說：「至於寺廟財產之管理部份，我們必須承認，在臺灣特有的民間宗教信仰形態下，想要以任何手段防止寺廟財產管理流弊，的確有其困難。但更重要的應在於，有關單位在宗教案的制訂上，似乎有擴大對宗教這一部份的印象，斤斤於防弊的現象，寧可因此侵害到宗教團體的正常發展，而較少想到以更恢宏的氣魄，制訂一個尊重政教分離精神，但卻能積極地促進宗教團體有利發展的宗教法案。政府當局常謂『以宗教力量來淨化人心』，那麼未來的宗教法案應該思考的應是如何促進這一個目標，而非斤斤於一些細節問題。」〔註139〕

　　臺灣佛教的內部還存在著許多問題，這些問題常被佛教學者、社會學家以及教外人士所提舉，但很難改善；此外，推進大陸作宗教交流能否具體改善「宗教在大陸的處境」，以及是否能在其社會中獲得更合理、更好的發展。要達成宗教交流的兩大意義，龔鵬程說：「（在方法上）第一是對於我們自己現有的宗教政策、宗教教育、宗教活動，乃至於我們的宗教組織、活動方式，

〔註138〕趙天恩〈從機督教的發展與現況看兩岸宗教政策〉，《兩岸宗教現況與展望》，頁175。
〔註139〕林本炫《臺灣的政教衝途》，頁162。

以及研究和教學到底能不能有效達到以上我們所講的兩點意義，大家心裡有數，當我們想要改善整個大陸的宗教環境，或者想通過兩岸宗教之間的交流彼此互補，或者是互相競爭，我們都可以感覺到我們的力量實在太微弱了。目前當然有有許多的客觀限制，可是宗教界本身，對於這些問題有沒有迫切深入的反省，共同的努力，我想這也是很長問題，多少的廟，多少的教派，糾纏於人世的金錢的糾紛之中，糾纏於無聊的理論或派系鬥爭之中，而整個力量沒有辦法統合、發展，這都是當前我們碰到的迫切問題，而當我們要推動兩岸的交流的時候，我們就會感覺到整個大陸政策，整體的政府組織對於推動大陸政策，確實是力有未逮。」〔註 140〕大陸對外的政策是一條龍或一條鞭式的，而臺灣在交流上是個人式的或團體性的，其目的或企圖是鬆散的，自然在交流上難產生良好的成效；此外，政府缺乏對大陸的體制以及對教育問題的作全面的評估，兩岸的文化的交流還有一段很漫長的時間表。

　　目前政府誠心改革，大力在推展民主活動，教界領導人與相關部門如佛教會大可當仁不讓出面，與政府相關部門溝通並爭取政府在某些層面上的贊助與輔導，佛教大學終於成立了。這些都有賴政府的覺知與僧伽的開明，才可以扭轉頹風，創造另一種局面來。「有佛法就有辦法」的吶喊聲音，及佛教在華人世界展現的實力，可以看得出來宗教界越來越有自信。而民間信仰的歌舞，以及神壇的藝陣、民間藝人的優人神鼓，紛紛走上國際舞台，媽祖成了兩岸神界中的紅人。〔註 141〕國人善用神佛〔註 142〕、禪密道的效果，已是大大地彰顯在人

〔註 140〕〈第二屆兩岸宗教化交流座談會紀錄〉「龔鵬程發言」，《兩岸宗教現況與展望》，頁 350〜351。
〔註 141〕張珣〈媽祖信仰在兩岸宗教交流中表現的特色〉，《兩岸宗教現況與展望》，頁286。
〔註 142〕張珣〈媽祖信仰在兩岸宗教交流中表現的特色〉，《兩岸宗教現況與展望》，頁 287 云：「媽祖信徒稱湄洲天后宮爲媽祖的祖廟，回去參拜湄洲的祖廟，回去參拜湄洲媽祖稱爲謁祖，這與我們在各姓氏宗親會看到年度春秋祭上的用詞相同。」充分顯示研究中國宗教學者常說的神界是人界的反映，中國神明與分身間如有擬親屬關係，則各地媽祖既分香自湄洲祖廟，回祖廟謁祖乃應有之行爲。」這些回到老家謁祖或是尋禮祖庭，不論在佛在道，都是臺灣人的厲害之處。兩岸分治那麼久，中共從來沒有實質地治理過臺灣，而臺灣的宗教人士或者是一般人士卻可以回到老家、祖庭去看看與整修，這對中國威權統治來說，與其說是一項統戰技倆，但確實是做了一種充滿危機的開放，因爲到頭來不知何方才是勝算；或許這樣的作爲，是海峽兩個政權國家發展的策略之一，也是一種實驗，也是僵局中的必要緩衝，統一可能是許多老中國人或華人的期盼，但在兩岸實質交流下可能也會產

與人的文化交流之上。佛教界如能省思此情此境，則當更加努力。

五、國家政策與宗教自由

（一）國策下的佛教

在政教不分的狀態下，海峽兩岸的宗教團體還是一直配合著國家的政策，在從事勞動或弘化。民國41年9月，中共國際貿易促進會為了招待錫蘭貿易團，舉辦了宗教座談會，圓瑛長老發言說：「我做了50多年佛教工作，直到最近的2年來，我才有一個認識，就是：『真正的宗教信仰自由，只有在和平民主國家裡才可以獲得。』」〔註143〕自從政府播遷來臺，宗教一直配合著政府的政策在推行各項工作，如仁王護國法會〔註144〕、捐款、賑災〔註145〕、反共〔註146〕、愛國〔註147〕、推行善良風俗〔註148〕、保護動物〔註149〕、拓展文化建設〔註150〕、

生新的變局，世事瞬息萬變也是當前兩岸政權急於要出招術的因素，誰掌握機先，慎謀力斷，誰的勝算就高出，更何況目前看起來雙贏的地方居多，輸卻的還少，但雙方的國民都深具危機意識在，這也是好處。常來常往，日益親近，或許都是目前兩岸的策略了。賴建成說：「在這樣的交流中，其實臺灣在打人海戰術以及小企業的犧牲戰，而中國在打傳統的打圓直趨戰，馬英久亟於出招是加強力道，一方面緩和中國的戒心，同樣是前人務實外交的延伸。」

〔註143〕參見《白公上人光壽錄》「民國41年大事——教團」，頁278。

〔註144〕李子寬於善導寺籌建仁王護國消災薦亡法會，參見《白公上人光壽錄》「民國39年大事——教團」，頁259；《白公上人光壽錄》「民國40年大事——教團」，頁274。

〔註145〕《白公上光壽錄》「民國48年大事——伽」，頁373云：「南亭法師因歷年籌款勞軍、賑災濟貧成績卓著，獲政府頒贈獎狀。」

〔註146〕關於佛教與反共，參見《白公上人光壽錄》「民國41年大事——僧伽」，頁275；另見釋白聖〈恭迎玄奘大師靈骨歸來〉，《白公上人光壽錄》「民國44年大事——僧伽」，頁315。中國佛教會配合國策，為反攻大陸作準備，奉命成立「中國佛教整理委員會」。其事，參見《白公上人光壽錄》「民國45年大事——教團」，頁326～327。民國45年，蔣總統發表「元旦文告」說：「惟有民族精神，才是反攻復國的動力。」佛教積極配合政府的反共措施，那佛教的精神在政府當局的心目中也該是民族精神之一。

〔註147〕李炳南在《菩提樹》創刊號「創刊辭」上說：「提倡淨土，勸導持戒，宣揚大乘教義，和平維持正法，灌輸愛國思想。」另見《白公上人光壽錄》「民國41年大事——僧伽」，頁279。

〔註148〕關於政府改善民俗，參見《白公上人光壽錄》「民國41年大事——政經」，頁279云：「臺灣省政府會議通過『改善民俗綱要』，多涉及宗教活動。」《白公上人光壽錄》「民國41年大事——政經」，頁308～309。

〔註149〕《白公上人光壽錄》「民國44年大事——社教」，頁320云：「臺中蓮社唐湘

勞軍與監獄弘法〔註 151〕等。然寺廟的建築、寺廟的負責人以及寺廟的財產與稅收問題，依據國民政府歷年來制訂的法令如《寺院管理暫行規則》（民國 2 年）、《管理寺廟條例》（民國 4 年）、《寺廟管理條例》（民國 18 年）和《監督寺廟條例》（民國 18 年）、《臺灣省寺廟管理辦法》（民國 58 年）、《寺廟教堂條例》（民國 68 年）和《宗教保護法》（民國 72 年）來看，關涉到政治與宗教間的分際與權利出了問題，由此問題可以看出國家權威之伸展與宗教的自主權之消長。從這段政教間漫長的歷史洪流中，也流露出民初以來佛教的衰落、在臺的復興與振作之跡象，還有可以窺見政教之互動與衝突之所在。

（二）正統與邪信問題

政府自 34 年臺灣光復以來，官方想收管寺院〔註 152〕、寺房被公部門霸佔〔註 153〕、軍隊佔住會館〔註 154〕的情事，以及僧人、居士搶地盤〔註 155〕與教義是非之爭訴〔註 156〕的狀況多見，而講經說法、念佛感應、行善積德〔註 157〕、因果業報以及俗化的佛教故事，〔註 158〕卻比佛學研究來得更為流行。佛教在社

清等發起組織「臺中市動物保護會」，經呈政府批准成立。」

〔註 150〕《白公上人光壽錄》「民國 48 年大事——社教」，頁 376 云：「印順法師應聯合國同治會請於教育部大禮堂講〈佛法的世界性〉，並與聽眾討論如何以佛法來改革人類文化，因之撰《發揚佛法以鼓鑄世界性之文化》；又應政治大學人生哲學研究會之請，講〈佛教的人生觀〉。」

〔註 151〕《白公上人光壽錄》「民國 50 年大事——教團」，頁 420 云：「中國佛教會組成『「中國佛教勞軍團」，擇於佛誕日赴前方宣慰三軍將士。又該會弘法委員會為加強堅獄弘法工作，聘定賢頓、淨心、淨空、慧印四師及俞安證、趙茂林、張廷榮、李大熊四居士組成『臺北監獄弘法組』，以加強工作。」

〔註 152〕關於十普寺問題，參見《白公上人光壽錄》「民國 37 年」，頁 247。

〔註 153〕關於善導寺房舍被公部門佔用問題，參見《白公上人光壽錄》「民國 38 年大事——教團」，頁 255；《白公上人光壽錄》「民國 39 年大事——教團」，頁 259。《白公上人光壽錄》「民國 43 年大事——教團」，頁 309 云：「中國佛教會理事長章嘉呼圖克圖於國民大會中，約圖李子寬等代表 76 人提議『修正監督寺廟條例為保護寺廟條例』；又約 69 人提議『請諮政府將前日本人住持之寺廟會堂財產法物交還各宗教團體依寺廟條例處理』。」

〔註 154〕有關臺中佛教會館被軍隊佔住多年，參見《白公上人光壽錄》「民國 41 年大事——教團」，頁 277：

〔註 155〕《白公上人光壽錄》「民國 37 年」，頁 247。

〔註 156〕印順學說與淨土問題，參見《白公上人光壽錄》「民國 43 大事——社教」，頁 311。

〔註 157〕《白公上人光壽錄》「民國 42 大事——社教」，頁 305 云：「本際法師印贈《了凡四訓》，此後該書在臺風行 30 年不衰。」

〔註 158〕《白公上人光壽錄》「民國 43 大事——社教」，頁 312：「星雲法師擷拾民間

會的行化，信眾越來越多，大專佛學社團一一成立，聽眾頗多。〔註159〕政府歷次企圖訂定宗教法，把寺廟列入威權管理之中，但佛教徒極力反對，說是不公平，想消滅佛教。政府因為需要宗教來安定民心，維護善良風俗，振興中華文化，要管理佛、道也有利於國民黨的執政，而美其名說為了破淫神邪祠之故。民間信仰有其神秘性，所在常遭受當權者的取締乃至於迫害，林進源在〈民間信仰的神秘色彩〉文中說：「綜觀宗教在民間流傳的情形，除了佛教、道教等被視為正統的宗教之外，一般民間信仰多帶有『多教混合』及『秘密宗教色彩』的色彩。『多教混合』是簡化所有宗教的自然過程，百姓宗教的要求多止於祈福、解厄的現實目的，引此混合後的宗教能符合大部份人的心理需求。而『秘密宗教』則是統治者對於民間信仰的排斥所致，因為由於過去的歷史證明，在治世時民機教團能充分發揮其勸化的功能，而在亂事時民間教團卻往往成為一個作亂的源頭，因此為防範於未然，乃多加限制。」〔註160〕在臺灣除了佛教、道教等制度性宗教之外，國人的信仰還有無生老母的崇拜，這包括齋教、一貫道、慈惠堂與儒宗神教。〔註161〕齋教因為教義與行持，如民間信仰性格與吃齋唸佛，後來被一貫道與佛教所融攝而沒落。而慈惠堂已發展出一套教義，有其基本的教團型式，不同於一般扶鸞治病的崇拜，在臺灣儼然是一種新興教團。而儒宗神教，「以儒為宗、以神為教」的宗旨，其鸞堂在化導民俗上有相當良好的功用，但也被無生老母崇拜所滲入，〔註162〕所以被佛教中人視為迷信。

（三）宗教自主問題

佛教在中國佛教或下，配合政府的政策，大力改善大德們所見的宗教亂象，以及不滿意之處。以白聖長老為例，其在〈我們學院的宗旨〉文中說：「余自民國37年避亂來臺，目睹本省佛教受日人影響而致不免有失風範，甚為痛惜！故不遺餘力一再主辦傳戒，並提倡依佛制結夏安居，轉導僧伽之學行，邁上正軌。尤其同情本省教胞，或如失去保姆的孤兒，或如貧丁棄家逃走的可憐，實是整個佛教前途之危機，亦不忍袖手旁觀熟視無睹。雖自顧德學淺薄，心餘力絀，難期有所樹建；然自身既為僧伽之一份子，職責迤所在，義不容辭；至上報佛

有關玉琳禪師之傳說，寫成《玉琳國師》一書，出版以來大為風行，且有改編為劇本、上演於舞台者。」
〔註159〕《白公上人光壽錄》「民國51大事——教團」，頁440～441。
〔註160〕林進源《中國神明百科寶典》（民國77年9月，臺北源進書局），頁80～81。
〔註161〕關於無生老母的崇拜群，參見林進源《珠國神明百科寶典》，頁64～79。
〔註162〕林進源《珠國神明百科寶典》，頁71～79。

恩，尤難自己。又念我輩年歲已老，要創造新的生命，不能不寄託於後起得青年，故近年來為此問題常在艱辛困苦中奮鬥，幸龍天護法，天假機緣，終於在煩囂之臺北市區中，建立起中國佛教三藏學院。」〔註163〕經過高僧大德的努力，佛教的道場、唸佛會、學社在各地紛紛建立起來。

隨著經濟的繁榮、社會的變遷，宗教的勢力越來越大，國民黨政府為了掌權，解禁了一貫道，使得民間信仰與神壇、鸞堂有更進一步的發展，而佛道因為信徒的樂善好施，廟宇越蓋越大，道場越擴越多；從中華民國政府退出聯合國以來，政府更要宗教的力量來維繫社會的安定，但社會的亂象與宗教的亂象滋生，政府有思考以宗教保護法來管理宗教，但怕宗教反彈，從監督過渡到管理，最後美其名說是以輔導取代監督，以服務取代管理。

在時機上，以及在實質內容上，《寺廟教堂條例》和《宗教保護法草案》都強烈地被懷疑為針對臺灣基督長老教會及一貫道而來。但在防範某一些團體時，所制訂出來的法律草案，往往很容易對目標團體以外的宗教發生不利的影響，也因此兩草案提出後遭到宗教界普遍的反對，如天主教及佛教也都持反對意見。此外，在處理宗教事務時，中央及省政機關頒佈許多行政命令和辦法，其中有牴觸憲法的，也有與《監督寺廟條例》不合的，也有些不合宗教教義、組織與實情的，也因而產生了一些問題。〔註164〕

首先，就《中華民國憲法》而論，第13條雖只簡單地立下人民有信仰宗教自由約條款，同時在第7條規範中華民國人民無分宗教在法律上一律平等。推究宗教信仰自由的意義，基本上應有兩個重要的內涵，即信仰宗教的自由與政教分離的原則。就信仰宗教自由而言，大致又可分為信仰及行為的自由。在信仰方面，所謂信仰與不信仰任何宗教的自由應包括：一、表明與不表明信仰何種宗教的自由，二、宣傳個人所信仰之宗教的自由，以及三、宗教教育的自由。在不違反其他法律的前提下，人民應享有充份的宗教信仰自由。雖有憲法23條的規定，行政及立法機構應盡量避免限制宗教信仰自由的基本權利，更不宜以不明確的所謂「社會秩序」或「公共利益」來加以約束。

宗教宣傳是宗教信仰自由不可或缺的，各類宗教都應有權宣傳其教義。不過在傳教過程中自不能妨害他人的自由，亦即不可因傳教而侵犯私宅的安

〔註163〕《白公上人光壽錄》「民國47年」，頁345。

〔註164〕關於《監督寺廟條例》以及中央及省政機關頒佈的許多行政命令和辦法，遭到佛教強烈反對，教界透過中國佛教會表達看法，參見《白公上人光壽錄》。

寧或強入私人住所傳教，除非當事人同意。在集會遊行方面，根據《集會遊行法》的規定，傳教活動並不需要事先申請許可，因此在臺灣很容易看到傳教與布施活動在很多角落裡進行。在宗教教育方面，實施宗教教育的自由並不單純，因人民有接受與不接受宗教教育的自由，因此各級正式學制中之學校不能以宗教課程爲必修學科，且學校也禁止教師在課堂上宣傳某家宗教。但受國際組織贊助的，可列入選修課程，如明復法師在《白公上人光壽錄》「民國 50 年大事──社教」中說：「師範大學接受國際文教獎助會支助，開設『佛學概論』一科，聘巴壺天教授任教，並決定採用蔣維喬居士所著之《佛學概論》爲教材。」〔註 165〕

　　政府對於正式學制外的宗教教育也一概不承認，不過各種神、佛學院雖未獲得教育部的承認，但也未遭到取締，所以在臺灣佛學院蠻多。至於學校不以特定宗教的教義當教學內容，而以養成對宗教現象理解的教學則應不受限制，但一般都列入公民教育、倫理學、社會學、人際關係課程之中。

　　從事宗教行爲的自由，是信仰宗教自由不可缺少的要素，若倡言人在內心可信任何宗教，而行爲上則必須受到限制，或強調法律只保障不形諸於行爲的信仰，則宗教顯然不可能存在，這就是威權政府在宗教政策上的矛盾之處，但臺灣政府的放任宗教的作爲確實比大陸的中共好很多。換言之，在臺灣人民因宗教信仰，而有從事禮拜祭典以及與教義有關的行爲，政府亦曾效法日治時代對寺廟課之以稅來增加政府收入，引起佛教徒的反彈。據明復法師在《白公上人光壽錄》「民國 58 年大事──社教」文中說：「立法委員董正之爲維護正法，特於 10 月 17 日立法院第 44 會期第 4 次會議議案關係文書中，向行政院長提出書面質詢。內容曰：『唯今政府對於宗教維護，似未克盡厥職，間有無謂干擾，勢將影響民心。臺省宗教情操，拜拜可見一般，普遍熱烈，東西同風。民眾多有設祖位於寺廟，寄親骨於靈塔，職此之故，臺省宗祠、祖塋、寺廟，頗有三位一體作用，民眾愛護寺廟，當在情理之中。身惜民政主管，忽視省民好樂，維護宗教，每失常軌。春初，則迫令寺廟入百納十，奉獻政府；夏季，復通知寺內空地繳稅，報效國家；各地僧人，群情惶恐！尤以臺南開元寺爲例，兩季空地稅額，高達 40 餘萬，寺廟均賴香火收益，負擔實感困窘無力。且聞政府近於金門，興建鄭成功祠，而對南市鄭祠，非法巧課重稅，延平郡王威靈在天，原係普照金、馬、臺、澎』，如斯薄此厚彼，

〔註 165〕《白公上人光壽錄》「民國 50 年大事──社教」，頁 425。

能無感其竊笑！依正愚識，似此課稅，原悖立法原旨，尤違民主通例，政府所獲幾何？斯誠得不償失！倘若政府迅即修正監督寺廟條例，善盡匡輔宗教職責，俾使發揚安定社會力量，響導人心正思，消滅罪惡無形，利害得失，幸邀垂察。』〔註166〕政府對宗教的政策，在佛教僧人眼中，時有偏頗處，因此佛教中人積極加入政治活動，從事護持佛法之舉，在臺灣也是多見。

　　宗教行為的自由自，應以不違反其他法律為條件，相對的也可以說若未觸犯任何法律，宗教行為的自由自不應受到限制。在宗教行為自由方面比較引起爭議的，乃是宗教行為的定義。禮拜、祭典等，應無定義上的問題，但許多宗教團體從事慈善公益事業，並不是純粹的宗教行為，不過卻是由教義及宗教精神延伸而來。也因類似原因，一些宗教團體為了宗教而從事政治行為。基本上，這些行為只要不違反法律，也不可能遭到取締或是懲處，蓋因依法無據之故。在政教分離原則方面，在我國憲法中雖未有明文規定，但充份的宗教信仰自由，需要由國家來保障，然而國家卻也不可介入宗教事務，任何宗教團體亦不可擁有政治權力，否則宗教自由會受到損害，也就是說任何一個宗教團體都不能在國家體制下擁有特權，不然各宗教間的平等權也會同時遭到傷害，但政府來臺之後從其宗教的政策與作為來看，顯然對於天主教、基督教〔註167〕比較善待。具體而論，國家不應該資助任何宗教團體，包括經費、教育以及其他資源在內的資助，均屬不當之舉；國家儀式之中也不可納入特定的宗教儀式；政府首長不宜以官方身份參加特定的宗教儀式。在基本心態上，政府不應以宗教的監督者或管理者自居，因為政府官員的地位與神職人員的地位不能比配，同時監督與管理時必然涉及宗教內部事務，不僅政府官員無權、也無能介入；更重要的是這種「監督與管理」做法，必然會嚴重貶損宗教團體的自主性，而使得宗教信仰自由受到直接的威脅。關於迷信與宗教自由問題，由於對宗教的定義以及對迷信的認定，很難不流於主觀意識，國家似不宜直接介入，觸及相關法令者則依相關法令處理，對於所謂迷信的現象，還是應由間接的國民知識與教養來提升、來改善。〔註168〕民主、自由的時代，各宗教教團都有其自由心證，來看待本身宗教的定位與志

〔註166〕《白公上人光壽錄》「民國58年大事——社教」，頁612。

〔註167〕《白公上人光壽錄》「民國42年大事——政經」，頁305云：「教育部核准基督教在臺灣設立大學。」

〔註168〕關於政府訂定宗教法的問題，參見瞿海源《宗教、術數與社會變遷（二）》「第九章政府訂定宗教法令的檢討，2006年9月高雄復文圖書出版社。

業、信徒的信仰及其濟化方向；宗教的信仰，是個人的心靈與所需問題，只要心行不違反法律即可；而信徒信仰的層次以及對宗教的學養問題，則是個人的事以及教團的教育問題，而不是信哪一種教門才好，換句佛教徒的話說：「根性所在，隨緣信受則入！」然啓發法性慧命使之「向上一著」，亦賴宗教師的行化，不能盡推說是政府該負的責任，這也是佛教學者所共見的。宗教的過度跟著民間信仰在俗化、搶市場、高僧住華屋等，〔註169〕學者普遍認爲不如那「宗教本位主義的退化」之出世行持、僧人住僻鏡之處念佛辦道，又入世的串連或普化的質變，「根本無助於人類的長治久安。」〔註170〕

六、結　論

　　一般學者看政治與宗教間關係，或由唯物或由唯心的立場去觀察宗教的意義及其影響；但若就個人意識的覺醒，或者是現代國家組織的完備性的角度來省察宗教與政治的關係，就不是簡單的一句「不需要」宗教，或遭逢破壞是「法難」所能解釋清楚的；說「法難」者，通常是宗教徒的說辭；社會學家通常用的術語，是政教關係及其衝突，或就宗教信仰的本質與宗教信仰的環境而言其間的關係；而公共關係的學者，則就國家的政策及其組織的完備程度，來論宗教徒以及廟宇文化的重要性。民國初年，民主國家的體制已經成立，宗教退出政治舞台是必然的現象，宗教與廟宇的重要性成了國人議論的焦點，因爲現代化的國民教育是當務之急，廢寺興學、破除迷信形成口號，宗教的命脈真是薄如線縷，因其是傳統文化與信仰的一部份，亦爲民眾心靈之常依託處，其意義與作用仍大，所以獲得一息尚存的境地，從此宗教的生存、發展繫於國家的政策與護法大德的努力。

　　政府播遷來臺灣之初，臺灣佛教徒佔的人口數，說實在是不多的，社會上大抵流行著一些民間信仰的崇拜，但嚴格而持平地說，信徒則以佛教徒與基督徒的教育程度較高。佛教能在臺灣社會發展，尤其是唸佛與正信佛教，在臺灣產生了很大的影響力，這使得信佛教者的品質提高了，對教育與學識的要求也隨之提昇，當然也包括修行。

〔註169〕光復以來，大陸僧人來臺大抵喜住都市，還有自立道場，其宗教性格帶有極濃厚的人間性與求心安乃能辦道之成就性，跟本土僧尼不同處確實不少。這些現象，參見悟明法師的《仁恩夢存》及明復法師的《白公上人光壽錄》得見。

〔註170〕至於佛教對心世紀的可能貢獻，參見周慶華《後佛學》，頁14～17。

　　臺灣光復之初，在信仰的人口數上，「約有九成五以上可視為中國民間信仰的信徒」，「臺灣在第二次世界大戰之後，中華民國的中央政府播遷來臺，同時有大量的大陸移民遷入，從中國大陸移入的宗教亦為數不少，在加上快速的經濟和社會變遷，臺灣的宗教有相當劇烈的變化。」然「中國傳統宗教，在 1970 年以前成長緩慢，至少在寺廟數目方面是如此，之後卻有顯著的成長。」反觀民間信仰，從光復之初到 1985 年間，少掉了 30%的信徒。傳統宗教的發展，衝擊著民間信仰的生態與分布，「比較具有地方性的神祇則日漸衰微，而不適合現代社會職業分化需求的行業神也漸沒落」，「觀音和媽祖這兩種普受民眾崇拜而又較具普世性的神佛，則維持歷久不衰的狀態。」〔註171〕他的說法，證明了聖嚴法師說詞，臺灣民間的正信還不是很普及，這是臺灣人宗教信仰的特質之一，因為臺灣人特別講究靈聖。

　　佛教在臺灣興起，面臨到庶民信仰、新興宗教，還有政治選舉以及媒體文化的衝擊。但佛教徒品質的提高，也不是一蹴即就的，它是經過長期的積累。賴建成博士在佛學院教導過十多個年頭，跑過不少地方，他說：「一般佛學院學生，只重視高僧行誼的課程，較輕忽了中國佛教史，連說禪都不行，說念佛則可，更何況說氣功、密宗、道法與術數了，這跟南傳佛教很不相同。」而在臺灣出家，如同聖嚴法師說的：「被認為不是正常的生活，比起西方宗教，佛教徒是比較消極。」〔註172〕在出世與入世之間，佛教的確很容易遭到誤解，而引起爭端。想要以出世的心做入世的事業，首先就要讓世俗人接受、了解。傳教的技術層面上，最好的方式是透過溝通與交流，讓他人認識你，所以要尋找機會表現，因為外界有時也想揭開宗教上的神秘面紗。佛教在這方面，也下了很大功夫，如同明復法師說的，師家下座到民間、學術界傳教去，給其他人做個好榜樣。

　　媒體與新興宗教的問題，在臺灣一再上演，最後以尊重個人宗教信仰的自由收場，個人的心靈或靈性要自己看管好，才是最重要。而宗教與政治問題，在臺灣也是一個羅生門，光啓社丁松筠神父表示，「只有遠離政治，把政治人物當成一般信徒，當他們進入教堂寺廟與其他信徒無異，這樣才能回到宗教的本質上。另外，在經典的研習，也才有助於宗教的回歸本質。」〔註173〕

〔註171〕林本炫等，前引書，頁 392～395。
〔註172〕同前註。
〔註173〕《中國時報》，民國 85 年 9 月 16 日「以出世心情入世、宗教問題攤開談」。

以上兩點，依然是臺灣佛教發展中的大問題，但這也是臺灣宗教團體內部要規範與教育的問題了。

　　至於臺灣盛行的人間佛教，雖然可以被垢病之處不少，如財務、山頭、修行諸問題。人間佛教，是民國以來破脆枯萎的佛教教團的一種「救亡圖存」改革活動。人間佛教，「乍看之下與傳統緇素的理念是有所背離，但畢竟佛教徒都有其最終的關懷——解脫成佛，但「成佛之道」對一些人來說是遙遠不可及的，佛教僧人隨著信徒的心念處地不同，有著種種前行的施設，也是一種善巧。」〔註174〕如果仔細去可察人間佛教跟新興宗教教團的信徒，你不難發現裡面存在著不少附佛外道，但寬鬆一點來看，附佛外道也是佛教徒的一種層次。在人間佛教教團的多元化教育下，也可以提升人的品質。〔註175〕

　　佛教是取之於十方，用之於十方，除了修行之外，護國救民，也是其職責之所在。臺灣的佛教教育，隨著時代環境的變遷，而有所不同，如學制上有多層次的差別，師資仍然是缺乏的，管教方式也要加改善；如今社會上學佛者多，教化人階層對社會習氣也要多加了解，如是方能培養出真正的道人以及出家人的良好氣質與高尚風範。目前，學佛風氣很是普遍，居士們大抵是熱心護持宗教的，但「沒有僧人的自我修持、身心莊嚴，很難轉大法輪」，因「佛法的住不住世，是扛在出家人的肩膀上。」〔註176〕佛教的財產是三寶物，不能挪作私用，但臺灣佛教在山頭主義作遂之下，佛教的資源沒有獲得良好的整合運用，沒辦法有大格局的伸展，想辦學的人經費拮据，不辦學的人寺產卻是一大堆；甚至「現代社會上有許多亂象，尤其是假冒宗教之名的，對教團的傷害極大。」圓光佛學院院長如悟法師感慨的說：「為了讓佛法裡的菩薩行，能在社會上長久生根下去我們一定得獲得群眾的支持，環境與我們密切相關，這是不能忽視的重要問題。」「從歷史上看，僧團的結合，才會產生力量，那一定要有制度管理，個人勢力太強，在臺灣這樣一個小小島上，並不是一個永久的方向。」〔註177〕呼籲僧團團結，雖然是教界的共識，但誰願意把年努力的成果讓出來，讓給十方聖賢，這是宗教界的大問題，理論上說得通，實踐起來對個人都是一種考驗，何況是一個大山頭，要考慮的問題很多。

〔註174〕賴建成，前引書，頁106。
〔註175〕參見莊懷義〈教育的多元化將提昇人的品質〉文，《展望二十一世紀》，頁373～381。
〔註176〕如悟法師〈我對僧教育的一些看法〉，《佛藏》第13期，頁2～5。
〔註177〕前引書，頁5。

政府播遷來臺之時，臺灣的民間信仰與齋教、日治下的佛教，深深地影響到後來佛教的發展，這些現象可由巨贊法師的「臺灣行腳記」，〔註178〕得以窺知一二。後來兩岸佛教的分岐性，越來越大；中佛會在臺恢復之後，配合政府的衛佛、衛國、衛民政策，宣傳反共，以淨化人心向善，傳教工作積極；而中共控制下的中佛會在民國 43 年成立，其上海市軍事管制委員會開始鎮壓會、道、門等反革命活動。〔註179〕當時的臺灣佛教，雖不乏名山高僧，高倡都市寺院與叢林寺院合力弘化使佛教不趨於厭世或消極，〔註 180〕但後來的發展主要是停留在淨土唸佛、精進禪七與道場經懺事業之上，這由李炳南居士與煮雲法師的行化，以及悟明長老的傳記中得見。而隨著白聖、道安、南亭、慈航、印順等諸山長老的邁力宏化，臺灣佛教在戒壇禮儀、社團發展，還有教理的詮釋上，有著長足的進展；在六七十年代，隨著教育普及，居士佛教興起，各種派別的宗師輩出，加上檀信的不吝布施，佛教蔚之勃興，佛教與社會的接觸更加劇烈下，引發出各種問題。但這些問題，不全然是由佛教產生的，而是部份原本就存在的社會問題，如佛教與民間信仰以及神壇、通靈問題，一貫道合法化後與佛教教團競爭白熱化，還有出家與在家信仰問題，以及捐獻與身心靈醫療問題。佛教界長老如星雲、聖嚴法師都強調正信的重要性。星雲認爲雖然教界問題仍多，但「非佛不作」，其亦強調他不好談命理、風水、感應之類的問題。〔註181〕聖嚴法師說：「學佛修行，如果一直停留在特定的感應與靈異階段，那便是是落入了民間信仰的層次，這與嚮往佛菩薩的悲智圓滿，從而向佛菩薩學習悲智的人生，兩者是不同的。」〔註182〕明復法師則說：「不論何時何地，最原始的宗教皆可能與極高級的宗教併行無阻。這種低層次的宗教在高度文明社會中，縱使不被人用爲犯罪的工具，其信仰在心理上也是有百害無一利的，但又不是僅憑道義的責難或刑罰的懲戒所能有效遏止的。唯一的解決辦法，是以高極的宗教理論與修持，啓迪其正當的信仰，促使其情操的昇華。」〔註183〕對於民間低層次信仰問題，佛教徒的作爲是展現其包容力，然後用正信轉化其向上，這在人

〔註178〕黃夏年主編《巨贊集》（1995 年 12 月，北京中國社會科學出版社。），頁 450
　　　　～460。
〔註179〕《白公上人光壽錄》「本年（42）大事——教團」，頁 303～304。
〔註180〕釋南亭〈臺灣佛教之片段〉，《南亭和尚全集》，頁 332。
〔註181〕《星雲大師傳》，頁 292。
〔註182〕2003 年 4 月 1 日《法鼓雜誌》「耕心成長」5（可靠的修行方法）。
〔註183〕《明復法師佛學文叢》第一冊（宗教禮俗業務作法的研討），頁 61。

間教團中已經看出具體成效。

　　目前臺灣的宗教界，尤其是佛教，弘法的管道，已是多元化，充分顯示出臺灣佛教旺盛的開展力。以佛法的普及弘化來看，福嚴佛學院院長大航法師就指出，現代臺灣佛教可以說是漢傳佛教傳入中國以來，最興旺的時期。至於其原因，法師認為，除了臺灣的政治穩定、經濟繁榮，以及自由、民主等外在條件的促成，最主要的還在於臺灣佛教界有一股積極弘化的潮流，並因而帶動著整體佛教的發展。〔註184〕於密宗在臺灣發展，也善用傳媒的力量，但其卻步入以往顯教的方式，對所謂外道深具排他性，如網路穢跡金剛的家，羅列了所謂的「家族排外名單」以及「具有爭議性的著作」，且說：「以上的名單、教派或網站因具有爭議性，故禁止其相關文章張貼及連結。」「除了傳播媒體無遠弗屆的弘法魅力，科際整合也是現代臺灣佛教的發展新趨勢，佛教界結合了心理學、社會學、醫學、文學等多整不同的學科領域，為現代人開展出豐碩而開放的成果。」在臺灣、歐美地區，「更強調世學與佛教的結合，所以弘法的表現上較為開放。」[33] 佛教界從爭取設立宗教學院以及私立大學，多次與教育部溝通，民國79年華梵大學成立，學校推動覺之教育，致力於提唱儒、佛思想，培養人師以挽救世道人心，是佛教界的一大志業。以前的佛教徒素質低落，很多人只是吃素唸佛，或只在辦理佛事，或著迷於觀音靈感，或強調依師修行，不談學術，但如今的佛教界也逐漸體會到學術的重要性，如大航法師在〈信仰與學術〉一文中說：「有時候我們會誤解學術，覺得修行不該談學術，認為談學術就會造成修行上的偏差；或以為學術萬能，可以解決所有的事。這是誤解、迷信學術，學術本身沒有過失，它是一種工具，只要恰當認識學術，認識學術的有效性及有限性，學術就能發揮其功能。」〔註185〕佛教界近年來的努力，佛教從山林佛教、遁世宗教的一般人錯覺或刻板印象，轉變成對社會無限的關懷與慈悲，讓世人體會到所謂的菩薩道精神。「而強調教育與開放性格的佛教界，也以其對世界的關懷，與其他宗教展開對話的企圖心，從臺灣邁向世界，不但展現了承繼二千年來悠久歷史菁華的成就，更因與時代的互動，而充滿無限的未來開展性。」「佛法在現代社會裡已經不是難聞了，甚至可以就個人的需要去尋找最契機的學佛管道。」〔註186〕

〔註184〕《人生雜誌》第182期編輯室〈臺灣佛教的傳統與現代〉，頁42。
〔註185〕《海潮音》第79卷第1期「教訊——曉雲法師榮獲文化獎」，頁34。
〔註186〕《人生雜誌》第182期編輯室〈臺灣佛教的傳統與現代〉，頁45。

　　佛教對教育的重視，其實也是弘法的重要環結，「弘化其實就是教育」，甚至可以說：「弘化或者是濟化活動，本質上就是一種教育。」當前佛教外貌鮮麗，內在潛藏危機，大爲學者所詬病，佛教的本質、門風問題，在在考驗著一些掛在嘴邊說我忙於弘法利生者。周慶華在〈後佛學的幾個研究方向〉文中說：「佛教俗化，已經可以預見不會是一條康莊大道。」〔註187〕佛教的問題，教界早已論之甚久，但積重難改，如法子問題與培養青年佛子、土地與教產、制度與宗派問題。佛教僧尼的傳統生活，也很難起大的變化，南亭法師在〈所希望於中國佛教會者〉文中說：「中國僧尼生命寄託的所在，不外香火、經懺、風景區的遊客招待、田地、山場。香火、經懺、風景遊樂，這三種生活來源是一種自然趨勢，提倡不了，也禁止不了，並且都有很大的流弊。糾正的方法，是在將來。」〔註188〕靠中國佛教會〔註189〕、靠政府的時代過去了，要從自己首先站起來開始。〔註190〕

　　當前的臺灣佛教，由表面上看，佛教很有生氣，帶有韌性與活力，發菩提心，行大悲願，走向華人世界，奔入國際舞台，是其有別於其他宗教的特色。然聖嚴法師說：「全球性的佛教行政組織，雖未見於根本佛教的要求，卻是今後時代所急需，若想藉此聯誼會的發展而成爲全球佛教的行政組織，恐怕還要努力若干時日哩！」〔註191〕多年來臺灣的僧尼、學界在修持與研究上，不斷地努力、對話，使得佛學這豐富的文化寶藏，不再「埋沒在陰暗的腳落裏」，而是透過傳媒的力量，已廣爲大眾所知曉，使得當今的臺灣佛法與佛學不僅是高僧、士夫所專尚的東西了。然而在教界也逐漸產生了一批本土的僧尼〔註192〕與居士，引導著一些信眾在社會上宏化，將來可能形成許多新宗教

〔註187〕周慶華《後佛學》（民國93年4月，里仁書局），頁13。
〔註188〕釋南亭〈所希望於中國佛教會者〉，《南亭和尚全集》，頁284。
〔註189〕佛教會的處境，悟明長老言之甚詳，參見釋悟明《仁恩夢存》，頁215～216云：「（48年6月）有一點上午，我到善導寺爲慧嶽法師申請出國事，到中國佛教會辦證明文件，馮秘書思錦說：『中國佛教會連發一封信的錢都沒有，欠下中央日報的報費已達四千多，再拖下去便打民事官司了。』我聽到這個消息，如同晴天霹靂，心裏想，中國佛教會難道連個乞丐也不如麼？……」
〔註190〕佛教喊口號常見，但也是他們的悲苦處，參見釋南亭〈自己首先站起來〉，《南亭和尚全集》，頁240～241。
〔註191〕釋聖嚴《正信的佛教》「佛教有統一的行政組織嗎？」（民國81年9月，東初出版社），頁165。
〔註192〕劉廣華，前引書，頁313云：「本土僧伽受到大陸僧伽之法脈衍續，也有茁壯之勢，譬如證嚴上人、曉雲法師、明光法師、普獻法師、淨耀法師、禪心法

文化現象。由於大陸對於宗教的管制，臺灣佛教徒往大陸宏化不論是蓋廟、修祖庭、辦佛學院以及從事宗教性的活動，都會遭到某些程度的阻礙，但佛子的心還是熱忱的，深懷菩薩道的心腸，除了不怕艱難一直前往大陸行化之外，不僅在大陸辦起各種性質的研討會，〔註193〕也跟大陸人士在臺灣做起文化上的交流。除了學界的努力之外，闞正宗在談到人間佛教時說：「臺灣的人間佛教，雖從區域性格逐漸過渡到國際性，但是一個以華人文化傳統為根基的佛教，雖然必須國際化，但是最終的根本還是要回到華人社會服務，而臺灣佛教檯面上的領導者，如何將臺灣人間佛教的經驗推展到大陸，將是未來走的路，相信很多佛教領導正摩拳擦掌，等待大陸法令鬆綁的契機。」〔註194〕

　　但跟大陸接觸過後，許多研究佛教的學者專家們，意識到、覺醒到自己的才是家珍，乃興起了一股當努力去研究臺灣宗教的雄心；因為臺灣的宗教，尤其是人間佛教與民間信仰、宗教文化，是大陸所沒有的，這些都是臺灣獨特的產物與精神的象徵，大陸人不可能來臺灣做臺灣宗教的研究與考察；在臺灣，誰肯下苦功夫，就有成果出現。所以，在當前的臺灣，不僅興起了一股本土宗教的意識，也興起了一股研究本土宗教文化的熱潮，其成果可能很快就展現出來；此外，出版界也在努力出版有關宗教的論文與書籍，都顯現出臺灣人的生機蓬勃、活力充沛，創發力無可限量。

　　當前臺灣佛教的內部，還存在著不少重要問題要加以考察、改善。佛教跟國府播遷來臺發展之初，中佛會在政府的管理下，發揮了不少作用，不論它給人的觀感是正面的還是負面的，但在解嚴前的階段裡，它為佛教界出了不少力，辦了不少事，奠定了解嚴後佛教蓬勃發展的基礎之一。但佛教界對社會問題的處理，讓外界看出了一些端倪，以十多年前社會流行的靈異現象為例。當時「我們的社會正吹起一股人神混淆的歪風，各報廣告常見的命相書籍，暢銷達數十萬冊，算命看風水的人越來越多，連許多知識份子也不能免俗。」傅佩榮在〈臺灣的宗教現象〉文中接著說：「宗教人士眼見自己的生存空間受到威脅，乃主動要求支持內政部制定『宗教法』。這在許多國家都是不可思議的事。宗教自有宗教的規範，其內部的制衡作用絕對大於法律條文的約束。如果一個社會的宗教人士主動希望制定宗教法則明顯表示宗教本身的

師、昭惠法師、修戒法師等就是典型的範例。」
〔註193〕臺灣學界往大陸辦研討會已是多見，參見陳清香〈西安首屆中國密宗國際學術研討會與會記〉，民國99年5月15日《慧炬》第551期，頁30～36。
〔註194〕闞正宗，前引書續編「第五章人間佛教的區域性格與國際化趨勢」，頁462。

規範已經失效了，或者宗教界無法獨立自存，需要訴諸法律的保障。今天的情況，恐怕兩者皆有。但願宗教法如果制定，眞能除弊興利，同時不致妨礙宗教的常態發展。」〔註195〕面對大陸的強式政策與一條龍的統治，兩岸的宗教交流除了宗教界內部要有自覺與行動之外，政府也要覺醒到整個大陸政策其實就是國家總體發展政策的一個環節，必須是從內部整體的結構上去做調整〔註196〕，才有良好的競爭力與美好的前景。

〔註195〕傅佩榮〈由宗教哲學對兩岸宗教文化的初步反省〉，《兩岸宗教現況與展望》，頁83。
〔註196〕〈第二屆兩岸宗教化交流座談會紀錄〉「龔鵬程發言」，《兩岸宗教現況與展望》，頁350～351。

第四章　臺灣廟宇建築及其文化變遷之因素

提　要

　　從臺灣廟宇的繁多現象以窺，可以得知先民在臺灣的移民時墾植、建設的歷史痕跡；其信仰與活動，也反映出社會生活的某些層面。廟宇形式與風格的轉變，是隨著生活形態的轉變、外來政權的宗教信仰、傳統文化與現代化的腳步，而有所不同；有的廟宇，或者雜揉著各時代的樣式，也有的因為遭受到破壞而殘缺，如今而僅能略窺其大貌。臺灣的廟宇，其實也是國人的文化財產，本該善加珍惜，但有的卻缺乏妥善的保護。

　　臺灣廟宇種類之多，可以窺知民眾信仰上的需求，而廟宇神祇之廣，能見人心之機巧，以及時代變化中民眾的無助處，祈望從諸神明中得到心靈的撫慰，及身心之安頓。以佛寺為例，各縣市鄉鎮的寺院林立，一方面顯現出佛教信仰的蓬勃發展，另方面得窺山頭勢力的發展。但此種現象，卻阻礙了教團的凝結力，以及對外推展佛教事業如前進大陸時，力量之分散。

　　寺廟是民眾信仰的重心，然而在其興建與組織發展的過程中，卻長面臨到土地資源取得、稅負減免、水土保持、生態保育等諸多問題。寺廟要永續經營，必須要瞭解經營與管理的重要性，才能發揮資源，推展志業，福國利民。近年來，臺灣的道場觀念，已經逐漸在轉變之中，之前以寺廟為主體的傳道中心，轉移到蓮社、精舍、講堂，甚至於用媒體與流動聚會來傳道授業。時空環境的改變，政府的管理措施也跟著變化，道場觀念變遷，人群的活動

以及社會文化也隨之不同。

　　從歷史的史實來看，廟宇的多寡，是一個社會群體文化興衰的縮影；我們從廟宇的興衰，也可以窺見社會文化的變遷，尤其是社群文化的發展。隨著全球化與現代化的腳步逼進，休閒與人文活動成了當代人的最愛；當前政府推行文化古蹟保存運動，並推行各種文化建設，而寺院除了對本身建築的維護、廟會活動之舉辦之外，配合政府從事文創與觀光產業，也顯得格外的重要。一方面增進寺院經濟，一方面促進文化交流，同時也是宏教上的一種方便。本文除了「前言」與「結論」之外，分別以「中國廟宇格調」、「臺灣初期的廟宇」、「經濟與廟宇發展」、「政權與廟宇活動」、「天災與寺廟」、「兩岸的寺廟文化」、「本土化與現代性」等來加以論述。

一、緒　論

　　臺灣一詞，首先出現史籍內當在明朝之時，但中國人約於 17 世紀方從事大規模的移民，鄭氏時期臺灣的大部份人口均係自中國大陸移入者。因中國自古便是極為重視祭祀的民族，明末清初，閩、粵二籍之先民，離鄉背景，渡海來到臺灣。當時的臺灣是個未開發的荒島，先民前來建立家園，希望能在此生根，因此隨身帶來了家鄉的神像、香火，安置於臨時的小祠膜拜。經過一翻努力，成家立業，生活穩定，經濟較為改善之後，便重新翻修小祠，蓋成寺廟。〔註1〕有些更從家鄉——唐山請來師傅，運來建材，興建較有規模的廟宇。

　　臺灣早期渡海前來的先民，多為南方籍，因此廟宇的建築格局自然屬於南方式；南方式的建築華麗且有一定的格局，代表著生活富裕的文化特質。之後才因翻修或由臺灣建築師設計，漸漸出現了北方式的廟宇。在日據時代，更引進了日式的佛教寺廟。「這一波的殖民宗教，主要包含兩大系統，即與日本內地人的生活密不可分的神道教信仰與佛教信仰。」〔註2〕

　　三百多年來，臺灣廟宇可以說是千變萬化，由茅草、土埆的小祠，變成瓦頂、磚牆，到如今的鋼筋水泥。而「神壇轉型為宮廟，草庵發展成廟宇，到大寺院與宮觀，則要英雄豪傑出世主持。神壇要轉型為正神住持的宮廟，

〔註1〕黃晨淳編著《媽祖的故事》第三章「臺灣」（2005 年 5 月 15 日，好獨出版有限公司），頁 160。

〔註2〕江佩蓉〈日治時期臺灣西部日式木造寺院配置初探與其現存殿堂修護中的色彩問題〉（民國 91 年 12 月 28、29 日，《第一屆當代佛寺建築文化與經營管理學術研討會論文集》），頁 E～1。

須政府的輔導，如找出重點神壇，表揚其優良事蹟，並推薦學有專精的學者專家來輔助，把內涵更加發揚。」〔註3〕當前的臺灣寺院與宮觀，面臨到政府推行的觀光旅遊以及其文化走向民俗化衝擊的情形，〔註4〕在這些轉變之中，除了主事者的素養與心態顯得格外重要之外，還有著天災、建材、科技的影響，我們也看見了時空環境與政治社會經濟變遷對她們的影響力，如日本治臺後的寺院建築型態。〔註5〕環境的永續發展、文化的保存與創新，也深深地影響到當前臺灣廟宇建築的格局。〔註6〕

二、中國廟宇格調──南、北有別

　　中國南方式廟宇的最大特色，是翹脊、飛簷；在脊上並裝飾著龍、人物等雕刻，屋簷兩端微微反卷，形成美麗線條。而北方式的建築特色，除了屋脊又平不翹起有別於南方式之外，四角形屋簷、瑠璃的圍牆等也是其特點。目前的臺北市行天宮，乃保有傳統南方式建築，而著名的圓山大飯店、國家劇院、故宮博物院則皆屬北方式建築。臺灣的文化與中國文化有著血脈相連之處，如信仰、建築、雕刻等，如彰化孔廟建築，完全仿照大陸化，〔註7〕儒家的敬族表現在孝親，也反映在建築物之上。「在大陸早已衰微的神明如三官大帝」，在臺灣卻奉祀很盛，王爺廟特多，有894所，佔全臺寺廟的九分之一。〔註8〕

　　臺灣的佛教，因僧侶在臺傳教較晚，而佛教徒在信仰上或多或少受到道教、民間信仰的影響，這連帶也影響到佛寺廟宇的型態。甚多屬於南方式的臺灣佛寺，在屋頂垂脊之末端有卷狀式的龍尾出現，一般相信此種龍尾具有防火神秘功能，此種裝飾在福建、廣東及有眾多移民之南洋建築物中甚為普及。〔註

〔註3〕　賴建成〈民間信仰與神壇初探〉「從神壇到信徒之路的省思」，《宗教論述專輯第六輯》（民國93年11月，內政部出版），頁233。

〔註4〕　樂晴〈重新融入國人生活腳步中──臺灣節俗的傳薪與創新〉，83年3月《中央月刊》，頁9。

〔註5〕　江佩蓉〈日治時期臺灣西部日式木造寺院配置初探與其現存殿堂修護中的色彩問題〉（民國91年12月28、29日，《第一屆當代佛寺建築文化與經營管理學術研討會論文集》），頁E～4。

〔註6〕　江哲銘等〈當前臺灣佛寺建築與環境永續發展之探討〉，《第一屆當代佛寺建築文化與經營管理學術研討會論文集》，頁C1～C3。

〔註7〕　王世禎《人神相通的靈動秘典》「一、儒釋道三教精神」（佛光企業社出版），頁5。

〔註8〕　王世禎《臺灣王爺神力秘典》，頁9。

〔註9〕　邢福泉《臺灣的佛教與佛寺》（民國75年5月初版，臺灣商務印書館）「第五

9〕龍山寺、開元寺、永明寺、海會庵與慈雲寺（1970 年前），均爲南方式；但所有建立於國民政府時代的佛寺，均爲北方式。此種情形，係受大陸來臺的高僧影響，因彼等認爲南方式過於注重裝飾，非佛寺理想式樣。〔註 10〕臺灣新建的佛寺風格，雖然多數模仿古代中國傳統的建築式樣，但其建造的方式卻是現代化，最佳的例子爲佛光山的觀音殿，還有松山寺與慈雲寺等，所有的建材大部份以鋼筋、水泥爲主，包括斗拱、支柱、簷椽等，但其外形仍是模仿中國木造佛寺。〔註 11〕1934 年時梁思成說：「中國建築之斗拱，已逐漸走上裝飾化，而非以實用爲目的。」〔註 12〕臺灣寺廟的斗拱，也有此傾向，邢福泉在細察過後說：「以臺灣新建佛寺之斗拱而言，其建築材料係鋼筋水泥，斗拱並無實際支力作用，故已成純粹裝飾化矣。」〔註 13〕

三、臺灣初期的廟宇

　　早期臺灣的茅屋小祠，幾經歷史變遷可能多已煙沒了。而寺廟建築於中區街旁，首推鹿港鎮的興安宮；其興建於嘉慶 3 年，因緊臨左右店舖及民家，沒有廟柱、也無廊，更別說是華麗的裝飾，這算是早期簡陋的廟宇。其「位居鹿港鎮商業中心，長久以來陸港街鎮之建築單元特色爲長條型，一般民宅往往面窄而進深長。興安宮亦具有此一空間特色，採縱深發展，整體格局較爲狹長，屬於街屋式廟宇。」〔註 14〕

　　若要舉出建於街旁較具規模的廟宇，該以臺南市祀祠關公的大武廟爲代表。該廟有大鼓型廟柱腳，且建築符合傳統格局——主殿最高，前殿、後殿及其他建築按序依一定比例降低，此乃受傳統制度的影響。臺灣早期的移民，常發生械鬥，爭土地與水源，寺廟除了祭拜、民俗活動之外，經常被當作城堡來使用。就因爲有這一層的歷史淵源，現在到本省農村去，還可以看到村落住民以寺廟爲中心而團結的風氣。〔註 15〕關於臺灣廟宇的屬性，吳遐功在〈臺灣的民間信仰〉文中說：「臺灣的廟宇，通常因官方敕建、移民分靈或其

　　　　章佛教藝術」，頁 158。
〔註 10〕前引書，頁 157。
〔註 11〕邢福泉，前引書，頁 130。
〔註 12〕梁思成《中國建築與建築家》〈1953 年，北平《文物》第 10 期〉，頁 120。
〔註 13〕邢福泉，前引書，頁 126～127。
〔註 14〕黃晨淳編著《媽祖的故事》第三章「臺灣發揚——鹿港興安宮」，頁 197。
〔註 15〕姜義鎮編著《臺灣的民間信仰》「序」（1994 年 2 月，武陵出版有限公司），頁 5。

他如有應公、大眾爺等性格等原因所形成。臺灣民間信仰的廟宇，常因不同祖籍、不同原鄉的移民，帶來不同的神祇。隨著移墾地域環境與社會之發展，而有著許多不同屬性之廟宇。」臺灣的廟宇依照轄境的大小，大致上可以分為角頭廟、庄頭廟、街廟、聯庄廟與大廟。「大廟指的是位於街市之古老廟宇，或街廟，或聯庄廟，因香火鼎盛、地利之便而為鄉鎮的信仰中心，其轄境往往遠被其他鄰近之廟宇，如北港朝天宮、大甲鎮瀾宮等廟均屬之。」〔註16〕

　　臺灣初期的廟宇中，家廟、祠堂是一大特色。家廟、祠堂乃同族同宗的人合祀祖先之所在，它可滿足人類追本溯源的本能，在廣漠無垠的歷史時空中，獲得心靈的歸宿；自古以來，它們已為中國家族的重要表徵。換言之，在家族主義的影響下，祭拜祖先是經常且必要的工作，故曰：「自天子下迄庶人，貴賤不同，而其尊祖之義一也。」然祭祖須要有牌位，牌位則須有供奉之處，家廟、宗祠於焉而生。因此，「凡士農工賈，莫不俾之各建宗祠，以祀其祖先。」以致「聚族而居，族皆有祠。」〔註17〕家廟可使「歷代先靈妥於斯，合族後裔聚於斯，代宣國法於斯」，致使「報本追遠之意於是乎善，敬宗收族之禮於是乎成。」〔註18〕對於祠堂、家廟的要性，陳進傳在〈宜蘭地區家廟祠堂初探〉一文中說：「祠堂家廟實為傳統社會生活不可或缺的一環，不僅對家族秩序的維持，甚至對地方治安和官府統治都有面的貢獻。」但隨著專制王朝的覆亡以及民主國家的成立，家廟、祠堂的功能性轉變了，已故的臺灣社會學者陳紹馨，早在 1958 年撰寫〈姓氏、族譜、宗親會〉時，便已針對當時臺灣多數宗祠家廟經年不修的荒廢境況，提出這樣的疑問：「為何到現在，宗親團體不大活動，不很受重視，尤其是不引起青年的興趣？這是值得我們反省的地方。」他的看法是：「無可置疑，這是社會生活一大演變的反映。」其原因正是：「國家組織完備以後，宗親團體自然衰微。」我們如以現代青年對宗族團體不大感興趣的現象而說是忘本，那就是忽略了以「國族」代替了「宗族」、「家族」之社會變遷了。

四、經濟與廟宇發展

〔註16〕劉燕儷等主編《臺灣歷史與文化》（2008 年 9 月，新文京開發），頁 177～178。
〔註17〕王思治〈宗族制度淺論〉，《清史論稿》（1987 年 12 月，成都巴蜀書社），頁 9
　　　　～11。
〔註18〕許水濤〈從桐城望族的興盛看明清時期的宗族制度〉，《譜牒學研究》第一輯，
　　　　頁 108。

　　依《裨海紀遊》的記載，當時臺灣的米、糖、豆、麻等皆有外銷至日本、呂宋等國，可見當時對外的商業貿易十分發達。因此在雍正時出現了同業商賈組成的團體稱之為「郊」，而其辦公處稱為會館。郊商們除了共同謀求同業間利益，也協助興辦公益事業，於是大力興建、修築寺廟。因興建者為商郊，所以在財力豐足之下所興建的廟宇也就較具規模。自乾隆年間，臺灣與唐山海邊、通商頻繁，商郊運米、糖前往，而回程則除了載運布匹，也載運花崗岩、紅磚等做為壓艙底用，而這些都成為興建寺廟最好的建材。臺灣最早出現龍柱可能是臺南市的天后宮及海安宮，〔註19〕該龍柱便是當時商郊自唐山運回的。鹿港自乾隆准與泉州通航，使成了中部商業重鎮，自然商郊雲集，經濟繁榮，至道光末可說是鹿港的頂盛時期。鹿港龍山寺就是當時八大商郊所籌建的。該寺廟建材遠從泉州運來，並聘請唐山名匠，依泉州開元寺格局所建。清領時代，當時臺北的龍山寺具有宗教、社交中西及泉州移民總部等多種功能。由於龍山寺之存在及寺內觀音的靈感，使地方成為臺北最繁華的地區之一，亦即有名的艋舺，時至今日龍山寺仍為北部攤販喜歡集中地之一，〔註20〕遊民也特多。除了與地方政治關係密切之外，其特徵之一是，與臺灣地方信仰之混合。〔註21〕如說臺灣某寺廟香火鼎盛，這意味著這座寺院有著多重的社會功能，還有社群活動，不免帶有政治色彩。至於家廟，陳進傳在〈宜蘭地區家廟宗祠初探〉文中說：「家廟成員都是同姓，以其姓氏別、家廟數，與該地區的姓氏分布相比較，也是很有意義的事（中略）。宜蘭地區的前七大姓，除張姓外，林、陳、李、黃、吳、游均有家廟，可見家廟的建立與該姓人數的眾多，關係密切；賴、蔡、鄭的人數排序亦在前二十名內，也很合理。而排名第九十六名和第二十五名鍾何兩姓，合建祠堂的原因是鍾何結親，但何氏無後，約定子嗣須合祀兩氏；加上財力雄厚，遂建祠堂，便於祭祀。一般家廟是單獨興建，但鍾何祠堂是現存縣內唯一跟二合院住家一體成形者，雖有家廟之名，僅具公廳之實，惟廳堂較寬敞而已。因此，無論是宜蘭，還是臺灣，人口多的家族，建家廟的機會就大些。」人口一多，集資較為方便，因為功能性多的關係，所以需要興修廟宇來發揮作用。興建家廟需要龐大資金，除了既有田產收租之外，眾多族人的小額分攤捐款，更發揮集腋成裘的功能。「如游氏祠廟盛蘭堂在光復前夕，遭盟機炸毀後，族人再四處募款予以重建，其中六結庄游六、七世祖捐 200 元，寬義公捐 180

〔註19〕臺灣省文獻委員會 71 年 12 月 31 日出版，《臺灣文府》第 33 卷 4 期第 7 頁。
〔註20〕邢福泉《臺灣的佛教與佛寺》，頁 78。
〔註21〕邢福泉，前引書，頁 79。

元，東興堂捐 300 元，石下房捐 220 元，瑞南公捐 100 元，餘爲族人私捐；總得一萬八千二百零二元。」〔註 22〕陳進傳說：「可見私捐均屬小額，人數必然很多，這些族人十分關心其捐獻的作用與目的，無形中，家廟成爲他們認同與向心的對象。」近年來，少數家廟擁有者擋不住地價的飛漲，經濟上帶來的誘惑，將家廟拆除改建商業大樓，雖然這樣的作爲是提高土地的利用價值，但家廟的意義與功能卻相對地更加式微。

當前臺灣寺廟的發展，也產生一些內外部問題。黃慶生在〈寺廟建築物認定〉文中說：「近年來臺灣地區宗教信仰蓬勃發展，能在名山聖地建立莊嚴巍峨的寺廟道場，固爲宗教信仰者所祈求，而由於臺灣地區地狹人稠，土地資源日漸稀少，再加上非都市土地開發作宗教建築用地，因涉及水土保持及環境生態維護問題，申請核准十分不易。許多宗教人士，尤其是出家師父便在大廈、公寓內設立蓮社、精社、講堂等處所。師父講經說法、傳道開示，這些場所往往在人口麇集、住商混合地區，信徒出入道場，帶給都會地區管理上的困擾。這些蓮社、精舍、講堂，我們姑且以都市道場稱之，由於其座落於大廈或公寓之一層，不符寺廟登記的規定，因此無法辦理寺廟登記。這些都市道場的產權，大部份來自於通修的共同奉獻，由於其無法將土地及建築物所有權登記於寺廟名下，必須暫時以出家師父或信徒同修名義登記，致衍生了許多產權糾紛及繼承問題，也爲政府主管機關帶來莫大的困擾。」〔註 23〕

五、政權與廟宇活動

清朝時期，臺灣寺廟，與高級官員與知識份子均有極密切的關係。而古來官吏，對鄉民來說，扮演著君親師的地位。而寺廟是政府施教的良好場所，也有著民間藝術的活動，透過廟宇宣揚名教與文化，並保存善良風俗讓民眾回歸日常坐息，因民風醇厚有利教化與管理，社會秩序亦得以維繫。〔註 24〕因官紳的文化認知與素養，因其介入，使得節慶與廟會結合，而民間藝術在其中流布，一方面可以傳薪，一方面創新中華民俗技藝，一方面也是一種娛樂，也豐富了人生。〔註 25〕

〔註 22〕游永德編輯，《游氏追遠堂族譜》，頁 30。
〔註 23〕黃慶生《寺廟經營與管理》（民國 91 年 5 月，永然文化），頁 453。
〔註 24〕樂晴〈重新融入國人生活腳步中——臺灣節俗的傳薪與創新〉，83 年 3 月《中央月刊》，頁 9。
〔註 25〕席德進《臺灣民間藝術》（民國 78 年 4 月，雄獅圖書股份有限公司）「總論」，

　　臺灣當前的政府，對於寺廟活動，如燈會、八家將等陣頭，還有法會活動，都極爲重視；此外如宗教古蹟的巡禮，宗教與觀光旅遊的結合，宗教文化與心靈環保與愛心活動之推展，在在展現出政府對社群活動的重視。

（一）清代廟宇

　　清康熙時，朝廷爲了移風易俗，宣揚名教，由官方興建的寺廟不少，朝廷將其爲施政之重點之一。〔註26〕日本占領臺灣之時，由日人調查報告中，位於臺灣官立的廟有數座。

（1）文廟：位臺北城大南門內大武街，祀孔子，光緒四年由業戶林本源及其他官捐資金所建。

（2）武廟：與文廟同處，祀關羽，光緒十六年以官費建。

（3）天后宮：在城內石坊，祀天上聖母，光緒十四年官費興建。

（4）城隍廟：在臺北北門內，供奉臺北府城隍、淡水縣城隍、新竹縣城隍、宜蘭縣城隍，光緒五年以官費興建。

（5）魯公廟：在臺北東門外，祀五穀先帝，每年春季行勸農之典禮，光緒六年以官費興建。

（6）昭忠祠：在艋舺營盤內，祀殉國死節之將官，其中死於中法戰爭之將官最多。〔註27〕

　　由以上可見，清代爲教育與施政，興建不少寺廟，而這些寺廟皆屬南方式建築，柔和之屋面，反卷之屋簷，燕尾式屋脊，彩繪、精彫，格局比例也依據禮制。從先民到清朝之時，建廟的緣起，以社會因素最爲突出，其住大約可分爲文昌祠、鄉土神、職業團體守護神廟、家廟宗祠、齋堂之興立等五種。「街肆形成城市，人口增加，爲發揮地方政治功能，這個時期的民間信仰，以社稷節孝祠、旌義祠、昭忠祠等儒教的設施爲特色，建置目的，在宣揚名教，移風易俗，雖由官府倡建，心理作用所及，亦孚民望。」〔註28〕而臺灣的迎神賽會，也有其可觀之處，尤其是改裝過的藝閣。連橫在〈詩意〉文中說：「臺灣迎賽，輒裝台閣，謂之詩意。而所裝者，多取小說；牛鬼蛇神，見

　　頁16。

〔註26〕臺北市文獻委員會52年6月至52年12月出版第4－6期《清代臺灣寺廟》。

〔註27〕臺灣省文獻委員會存《臺灣總督府檔案》，明治30年乙種永久第34卷第9門第2案。

〔註28〕杜而未《儒佛道之信仰研究》「附錄：拜拜種種」（民國72年3月，臺灣學生書局），頁166。

之可晒，夫台閣既曰詩意，則當采詩之意，附畫之情，表美之術，以成其高尚麗都之緻，使觀者徘徊而不忍去，而後足以盡其能事。」其後爲人改裝藝閣，如江山樓、迎天后、迎城隍等，其巧思頗受讚許。〔註29〕

　　至於國人對寺廟的觀感，從古代到大陸淪陷之前，在傳統上「寺廟仍被多數人認爲是全國民的公有物，機關、學校、軍隊，〔註30〕均可以隨便地佔住。而寺廟本身的所謂當家、住持，又多誤認爲一寺一庵爲私有。」〔註31〕僧俗對寺院的所有權觀念，大不相同，所以產權之爭論時起。

　　從臺灣民間宗教信仰發展的過程來看，此期值得注意的有二，一是來自同一祖籍者共同信奉的神明與廟宇，很自然地被用來做爲團結整合的象徵。〔註32〕這是臺灣的和人社會形成後所發展出來的信仰行爲，它一直根深蒂固地影響到今日。〔註33〕其二是在農村社會形成之後，變成以同一地區的地緣關係爲主所形成的祭祀圈之廟宇文化。〔註34〕從祭祀圈的形成與聚落的發展，可以看出村廟與鄉民社會活動的關係。

（二）日治時代的廟宇

　　日本統治臺灣初期，包括軍隊營區、憲兵屯所、行政機關、警察署、醫院、學校等各種機關設施陸續設置，初期大多接收前清官產、或佔用民間廟宇爲機關用地。造成傳統廟宇的神像、法器遭損毀，或建築物鄧，遭到不當使用而破壞的狀況，爲避免造成臺人的反感，樺山遂頒佈該行政命令。然而破壞已既成事實，該諭告的宣示意義大於實質意義。1898 年（明治 31 年）年3 月至 7 月間，臺灣總督府進行『兵營及其他使用之社寺廟宇調查』，〔註35〕要求各地方縣廳清查充當兵營或政府機關使用之社寺廟宇並回報。以臺北縣

〔註29〕連橫《雅堂筆記》卷 1「雜記與序跋──詩意 7」（2005 年 7 月，廣西人民出版社），頁 7～9。

〔註30〕對於寺廟駐防軍隊，而洋教堂列爲禁區，參見釋悟明《仁恩夢存》，頁 111。國民政府的宗教不平等，由此可見。

〔註31〕釋南亭〈臺灣佛教之片段〉，《南亭和尚全集》，頁 314。

〔註32〕李亦園《信仰與文化》（1979 年，巨流圖書公司），頁 46～49。

〔註33〕林榮澤《臺灣民間宗教研究論集》（2007 年 10 月，臺北一貫道理編輯苑）「序言」，頁 4。

〔註34〕許嘉明《祭祀圈之於居臺漢人社會的獨特性》，《中華文化復興月刊》第 11 卷第 6 期，頁 62。

〔註35〕1898 年 3 月 29 日「兵營其他二使用セル社寺廟宇等取調之件」，《臺灣總督府公文類纂》冊號 00291、文號 12。

〔註36〕爲例，計有 31 處廟宇充當政府機關使用。

在日本對臺調查報告中，芝蘭二保和尚洲蓮寺、加蚋保公館塵寶藏寺、芝蘭三保滬尾鄞山寺、桃澗堡中壢新街仁海宮廟、龍潭坡五穀廟、桃仔園景福官、擺接保員林塵財福宮、文山保景尾街集應廟、萬盛塵溪仔口萬康岩等寺廟，即成爲日本大谷派本願寺之分寺。〔註 37〕於是日式佛教寺的興建隨即展開。日式佛教寺院較類似我國北方建築。由日式佛寺的規模來看，不難想像日本宗教力量在臺的影響力。以下爲臺北立的日式佛寺：

（1）東和禪寺：位於仁愛路，民前四年日僧募建，民國 5 年 4 月開設「臺灣佛教中學林」，爲本省佛教興辦中學之先軀。民國 24 年改名「私立臺北中學」（今私立泰北高中前身）。民國 9 年興建之大殿及鐘樓爲臺灣最早鋼筋水泥廟宇建築。〔註 38〕

（2）臨濟護國寺：位於酒泉街，民前 3 年日僧梅山建，今已翻修爲鋼筋水泥建築。〔註 39〕

（3）法華禪寺：位於西寧南路，民前二年建，雖不是雄偉之建築，但其山門、大殿仍是保有日寺之風格。

（4）本願寺：位於中華路，光緒三十年興建，民國元年完工，該建築遇祝融已毀。

（5）善導寺：忠孝東路，民國十四年建。

日人除在臺北興建佛寺，也在全省各地建寺。其中位臺南縣白河鎮的大仙寺建於康熙四十年，但大雄寶殿爲民國 7 年重建。〔註 40〕屋頂爲日式，但殿內的大木卻是我國閩、粵的傳統建築，成爲一中、日混合式寺廟建築，獨

〔註36〕日治初期 1898 年之臺北縣，轄區包含今日的臺北市、臺北縣、桃園縣、基隆市等。

〔註37〕臺灣省文獻委員會存《臺灣總督府檔案》，明治 30 年乙種永久第 34 卷第 9 門第 7 案。

〔註38〕安本利正，昭和 52 年 6 月 10 日編，《曹洞宗大本山臺北別院的近況》，頁 12～13。

〔註39〕《臺灣佛寺導遊（一）》〈臨濟寺〉，頁 48 云：「臨濟寺這座仿南北朝形式的木構佛寺，除了在臺北是唯一的以外，就是在全省論規模與匠心，也是名列前茅。也將是研究中國建築史的一個有力資源，我們應該積極地把她列入文化資產而加以保護，不該任其頹廢荒蕪。」（民國 84 年 7 月，菩提長青出版社）

〔註40〕安本利正，昭和 52 年 6 月 10 日編，《曹洞宗大本山臺北別院的近況》，頁 14～15。

樹一格。至於日治時代的寺院，也有幾種與中國不同之處，一是靈骨塔的設置，增添不少收入；二是僧寺中另闢尼居，大權操在女眾之手；三是僧徒之有家室者占多數，食肉者少數；四是尼寺不少，尼眾可以當家，少有丈夫，得信眾皈依；五是寺院有佛學院，設布教所；六寺廟的佛菩薩像比較簡單，大殿西式，莊嚴清淨；〔註41〕七是寺院僧尼都能刻苦，內而燒飯和接待來客，外而種植田園、修理花木，皆是僧尼自己動手，無專充役使的男女僱工，是很好的一個風尚。〔註42〕這些現象也影響到光復後的佛教發展。日治時代，觀音信仰很流行，葉振輝在〈臺灣漢族移民的宗教信仰〉文中說：「觀音信仰的表現方式，以觀音法會規模最盛。觀音法會不只在佛寺有，一般民間寺廟也有。觀音法會的特色是，沒有八家將，沒有乩童，場面比較溫和和平靜。1943 年日本當局從事臺灣寺廟整理運動，許多有中國色彩的神像紛紛消失，但觀音例外，在登記寺廟主神時，不少廟登記觀音為主神，這樣子寺廟才能免於被整理的下場。」〔註43〕日治中期的臺灣佛教界，開始出現了一批東洋風格的石觀音，它們標誌著日本庶民化觀音朝禮信仰的正式入臺。在日本，民眾徒步到各寺廟朝拜，走完 33 個觀音寺要 3 個月，「西國 33 所觀音靈場」幾乎演變為日本佛教的一個宗派；這種信仰隨著日本統治臺灣後亦加以引進，如大正 15 年（1926），日本佛教界由各地佛寺捐募 33 尊石雕觀世音菩薩來臺，在五股觀音山建置「西國 33 所觀音靈場」，在西雲禪寺（外巖）與凌雲寺（內巖）之間，沿途設置觀音石像，民眾上山禮佛時，可以沿途膜拜，也等於是巡禮了日本的 33 所觀音道場。而在基隆所建立的 33 所觀音信仰圈，則與五股觀音山的方式不同，是採用諸寺院共構的聯合模式，形成全基隆寺院尋禮的作用。郭祐孟說：「不論是信徒步行參訪石佛，還是山友徒步爬山登頂，一拜石佛，一摸機石，虔誠的心情皆同，淨化人心的效果亦同。（中略）這些石佛的寺名御本尊等，鄭好與日本的寺廟參拜順序一致。可以推論，基隆的西國 33 札所，每一尊石佛代表一間寺廟，讓住在臺灣的日本信徒以及臺灣本地信眾，可以不用遠渡重洋去日本逐廟參拜，也可以權做日式的觀音巡禮一番。這除了有統治者欲將臺灣人皇民化的企圖之外，還有日本佛教和臺灣佛教相互交流學習的文化意義。」〔註44〕

〔註41〕關於光復前後的臺灣佛教，參見巨贊〈臺灣行腳記〉，《巨贊集》，頁 450～460。
〔註42〕釋南亭〈臺灣佛教之片段〉，《南亭和尚全集》，頁 328～330。
〔註43〕葉振輝《臺灣開發史》，頁 179。
〔註44〕郭祐孟〈基隆觀音石佛巡禮〉，《圓光新誌》第 89 期（民國 95 年 9 月，中壢

　　據民國 8 年臺灣總督府的調查，臺灣共有寺廟宗祠等 11391 座，各廟所奉主神達百餘種，依其性質大略可分為寺廟 3312、齋堂 172、宗祠祖廳 120、小祠 7787 等四大類。〔註45〕至於寺廟，蔡相輝在〈臺灣民間信仰概況〉文中說：「寺廟是一種靜態機構，苟無人加以經營，則無法發揮作用。本省居民則以寺廟為信仰中心，組成各種宗教團體，如神明會、轎班會、莊儀團等，一則以推進地方發展，一則以維持社會治安。」〔註46〕從寺廟之建築與財產，可以窺見地方經濟的榮枯。在日治時代，日人企圖將其本國各種宗教全部傳入臺灣，並在臺灣推行所謂的「寺廟神昇天」的宗教同化政策，逐步將臺灣民間固有祠祀加以摧毀。〔註47〕臺灣很多民間信仰的廟宇也被摧毀，除了觀音信仰與鄭成功崇拜〔註48〕等被保存著。民國 22 年，日本人在臺灣發動「祭儀改善運動」，各城市均組成委員會大肆行，呼籲廢除藝閣、紙厝等錮習。〔註49〕

　　臺灣地區民間信仰的種類既多且雜，民間多把儒釋道三家觀念融合在一塊，以寺廟的形態呈現，成為民間信仰的主流。清代臺灣各府、縣廳志已有祠祀志，記錄官方祀典及大型寺廟，但無法看出全臺灣地區祠祀的全貌。民國 4 年（日本大正 4 年）起，日本臺灣總督府開始全面調查臺灣祠祀狀況，至民國 7 年工作完成。〔註50〕蔡相輝說〈臺灣民間信仰概要——神祇的種類〉文中說：「因為日本人認為寺廟信仰市以儒家道德教育為主流，故其統計排列次序市以儒家孔子、文昌帝君、節婦孝子為先其次才是道教的玉皇大帝、三官大帝下來，最後則以由外國傳入之佛教觀音、釋迦等，總共 36 種神祇。」「民國 26 年中日戰爭爆發，日人積極在臺灣實施皇民化運動，同化臺灣民間信仰為其主要目標之一。經 4 年的整頓，全臺灣被廢毀寺廟有 361 座，被移作他用 819 座；神像被燒燬 13726 尊，被沒收 4069 尊，除無人管理之土地公、小祠外，被整頓寺廟達全部的 3 分之 1。後因日軍在民國 30 年發動太平洋戰爭，亟需臺人合作，乃暫停廢毀四廟工作。」〔註51〕民國 34 年 8 月 15 日，日本宣布無條件投降後，「各地日人寺廟紛行匿藏珍貴物品，當地豪勢乘機侵

　　　　圓光雜誌社），頁 8～25。
〔註45〕參見蔡相輝《臺灣社會文化史》，頁 208 及頁 209「表 5-1」。
〔註46〕蔡相輝，前引書，頁 208 及頁 210「表 5-2」。
〔註47〕蔡相輝《臺灣社會文化史》，頁 211。
〔註48〕杜而未，前引書「附錄：拜拜種種」，頁 168。
〔註49〕《白公上人光壽錄》「民國 22 年大事——社教」，頁 143。
〔註50〕蔡相輝《臺灣社會文化史》，頁 213～頁 214 及「表 5-4」、「表 5-5」等。
〔註51〕蔡相輝，前引書，頁 218。

佔其不動產，所組織之各種事業團體亦復無形瓦解；自明治九年（光緒 2 年）以來在中國經營之各種佈教施設，至此一無所有。」〔註52〕

　　在清領期間，齋教有很大的發展，蔡相煇引清代官吏林豪《東瀛紀事》的記載之後說：「由此可見當時人對齋教及其教徒咸持敬重態度，抗清份子竟不殺逃入齋堂之清吏，無怪齋教能大行。至日據初期，齋教最大派之龍華派即有佛堂二百餘堂，聲勢之大，即可想見。」〔註53〕與此同時，正統佛教的發展卻不及它，因此蔡相煇說，於日本據臺後，齋教反而成為臺灣佛教之主流。〔註54〕楊惠南也說：「光復前的臺灣佛教以齋教為主流，這可以從日本大正 8 年（1919）日本當局所編撰的《臺灣宗教調查報告書》第一卷的統計數字看出來。當時，純正的佛寺全臺只有 77 座，而齋堂卻多到 172 間。可見齋教在當時的流傳遠較純正佛教的流傳普及甚多。」〔註55〕就臺灣民間宗教發展的重要因素來看，「雖然有日本殖民統治 50 年之久，但對漢人的影響不大。戰後傳進臺灣的各類教門很多，及臺灣在創造經濟奇蹟後所造成的社會變遷，是影響民間宗教發展的兩大因素。」〔註56〕

（三）臺灣光復後的廟宇

　　臺灣光復後，各地寺廟負責人紛紛索回被沒收的神祇，重建廟宇，當時寺廟概況從巨贊的〈臺灣行腳記〉略窺一二。〔註57〕臺灣光復之後，因憲法保障人民信仰的自由，傳統民間祠祀最先恢復並蓬勃發展。中佛會也曾多次呈請內政部發還日據時期日僧住持的寺廟，以發展佛教事業。〔註58〕

　　民國 38 年中央政府播遷臺灣，大陸各種宗教隨之而來，到民國 48 年省政府面調查各地宗教團體，以廟祠居多 2947、佛寺 838、祖厝祠堂 47、基督教堂 847、天主教堂 371，共 5052。〔註59〕近 40 年來，國際交流頻繁，天主

〔註52〕釋明復《白公上人光壽錄》「民國 34 年大事──教團」，頁 212。
〔註53〕蔡相煇編著《復興基地臺灣之宗教信仰》（1989 年，臺北正中書局印行），頁 82～83。
〔註54〕同前註。
〔註55〕楊惠南〈臺灣佛教的「出世」性格與派系紛爭〉，該文收入《當代佛教思想展望》（1991 年，臺北東大圖書公司），頁 3。
〔註56〕林榮澤《臺灣民間宗教研究論集》「序言」，頁 5。
〔註57〕釋巨贊〈臺灣行腳記〉，黃夏年主編《巨贊集》，頁 450～460。
〔註58〕《白公上人光壽錄》「民國 43 年大事──教團」，頁 309；《白公上人光壽錄》「民國 46 年大事──教團」，頁 332。
〔註59〕蔡相煇，前引書，頁 218～219「表 5-6」。其表係據《臺灣文獻》第 11 卷第 2 期劉枝萬「臺灣省寺廟教堂調查表 7」。

教、基督教個教派及世界各種新興宗教也大量傳入，使臺灣宗教的複雜性遠超過中國各地。據內政部統計，至民國 83 年底，臺灣地區除了神壇及未登記寺廟之外，共有寺廟教堂 16200 所，道教 8292、佛教 4020、基督教 2683、天主教 816、天理教 125、理教 117、軒轅教 21、天帝教 16、回教 5、天德教 3；神職人員 122617 人，道教 31950、佛教 9310、天主教 2822、基督教 2549、理教 605、天帝教 180、軒轅教 146、天德教 46、回教 30。信徒人數共 11155213 人，佛教 4862050、道教 3852000、基督教 421666、天德教 155000、天帝教 149750、理教 139497、軒轅教 122000、回教 52029 人，此外，尚有已經政府允許何法傳教之一貫道堂壇 50 處，信徒 918120 人，全臺灣有宗教信仰的人口約佔全臺 55%左右。〔註60〕到民國 92 年，在內政部核准立案或依法登記的宗教團體，共 25 個。〔註61〕

　　日治時代，日人在臺推行皇民化，也由於中日戰爭的日漸嚴重，從唐山前來的建築師傅，紛紛返回大陸，沒有繼續栽培徒弟。到光復後，諳傳統建築的師傅所剩無幾，尤其在政府推行都市計畫後，持建築師資格者皆未正式接觸傳統廟宇建築，以致主持古廟的修建變更原有的風格，也移轉了傳統的格局。以下，就各種原因簡要說明：

　　（1）年青師傅不諳臺灣傳統建築：臺灣廟宇受儒家禮制影響，各殿有尊卑之分；但不究其禮的師傅多違背此原則。光復後所建的嘉義縣新港鎮奉天宮，添建鐘鼓樓竟比大殿還高，立於前殿兩側，實不調合。另嘉義的城隍廟，後殿改建比大殿高出許多。臺北龍山寺門比前殿高等，皆爲不符傳統之例。

　　（2）建築師未學過閩、粵建築：光復後臺灣將閩、粵系之南方式建築，視爲我國建築之旁系；而學術界都以北方宮殿式建築爲正統代表。因此年青建築師所學我國建築，多爲北方格局，當然設計出了建築物自然偏向北方式。例如：高雄市孔廟、臺北圓山飯店、臺南延平郡王祠等皆成爲北方式平屋脊建築。除此之外，有些原爲古色古香之南方式廟宇，由於地震、戰爭等因素，導致部分毀壞，光復後由不同格調的師傅進行修建的工作，而失去原有風貌，南、北混合、中西合璧。例如：宜蘭的五穀廟，大殿乃是翹脊飛簷之建築，而牌樓與拜亭已修建爲北方式建築，如此非今非古，非南非北之建築，失去調和，也失去傳統。又如臺北龍山寺，其中之圍牆，也蓋上琉璃瓦，變成了

〔註60〕蔡相煇，前引書，頁 213。
〔註61〕《宗教簡介》，民國 92 年 12 月內政部。

北方式圍牆。新建成的澎湖將軍廟宇，其屋脊爲南方式翹脊，雙龍拾珠於上，但屋簷卻露出北方式四角形橡木，如此之建築物豈不如同身著長袍馬褂，頭皮帽、手執馬鞭，令人啼笑皆非。

（3）老師傅無建築執照：臺灣光復後，政府實族都市計畫，凡位於都市計劃區域範圍內之建築，都要經持有建築師執照之築師設計，因此過去曾主寺建築不少大大小小傳統式之廟宇的老師傅都因未能持有建築師執照，而無法參與廟宇修建之程。在如此情況下，廟宇的建築便有極大的變革。不僅在建材上由花崗岩，石柱、杉木變成了鋼筋水泥；整座寺廟的格局與外觀也有顯著不，其中最爲奇特的建築算是洋樓式的北方建築。像高雄市的三鳳宮、臺北市松山寺、慈航禪寺等皆是。以上這種樓式廟宇，看似公寓，非走近方知其爲廟宇；莫非因臺灣人口眾多，而土地面積小，連神明也住起樓房來，以節省土地。

（4）建材之演變：臺灣早期的廟宇建築，其建材大多有大陸運來，其中多爲石、磚、木等。直到日本占領臺灣，引入西洋建築技術，才開始以鋼筋水泥爲建材。臺灣最早使用鋼筋水泥建造的廟宇爲民國十二年由日人建築的東和禪寺，位於臺北。光復後老師傅廖石成也用鋼筋水泥興建寺廟，其包括臺北市民權東路行天宮，北投區中央北路行天宮，以及臺北縣三峽鎮的行修宮。這三座光復後興建的寺廟在建材上雖然以現代化的鋼筋水泥，但其格局，建築比例、空間處理，有序的殿宇都根據傳統禮制標準，且保有原閩、粵廟宇之風格，因此進入其內，多少還感覺得出我國的文化氣息。若是新建之廟宇皆以鋼筋水泥，而能在格局上注意，或許還能擺脫一些事俗之氣，免除太前衛的現代感；但若以鋼筋水泥做爲修建古舊的廟宇，就似乎不太洽當，可能在視覺上會有些不調和，而將古蹟的風情全殘滅無遺。〔註62〕臺灣的寺廟建築，隨著僧人跟國外文化作交流，吸收了西洋流行的風格，如中台佛寺與佛光山。〔註63〕

臺灣光復之後，初時的佛教寺院還是有著日治下的特色，「擁有田地、山場的寺廟不多，大都和日本的寺廟一樣，靠供靈位、寄骨灰、做法會來維持生活。」〔註64〕日本人對寺廟是尊敬的，〔註65〕臺灣的廟宇，一般都很小，也許是受了

〔註62〕《臺灣古蹟》第 1 輯（民國 66 年 4 月 30 日，臺灣省文獻委員會），頁 168。
〔註63〕滿耕〈星雲大師與當代人間佛教 5 之 3〉，《普門學報》第 33 期（2006 年 5 月，佛光山文教基金會），頁 205。佛光山吸收了日本寺院架構模式的經驗，設於臺灣高雄縣的佛光山稱爲總本山。
〔註64〕釋南亭〈漫談佛教（一）〉，《南亭和尚全集》，頁 316～317。

福建的影響，〔註66〕同大陸其他地區不一樣，窪德忠說：「除臺灣彰化市的元清觀和鄉港的青松觀以外，再也找不到稱爲觀的廟宇了。」〔註67〕在臺灣最多的，恐怕要算土地廟，〔註68〕客家人稱爲伯公廟，〔註69〕而美濃地區伯公卻鸞堂化，很值得研究。〔註70〕臺灣的土地廟必定在本尊的下方或旁邊供一老虎，人稱土地公的部下。位泉州小路盡頭的土地祠中，本尊之下崁的是一石獅。可見臺灣的供奉方法，是受了福建的影響。」〔註71〕至於臺灣廟宇內供奉的神明有多少，窪德忠在〈廟宇供奉的諸神〉文中說：「1979 年臺灣出版的《臺灣廟神傳》中列舉了當時作爲廟宇供奉的諸神，其中僅人們了解該神來歷及特性的就有黃帝、關羽、太上老君、文昌帝君、玉皇大帝等 315 位之多，這就清楚地說明人們是多麼地信仰和崇拜諸神！因此一旦人們有什麼不順心，或有什麼願望，便立即前往廟宇祈禱神的庇護。」〔註72〕

　　臺灣除了城隍廟之外，開漳聖王廟很多，窪德忠說：「移居臺灣的漳州人在遷移時往往帶上它的神像，所以現在的臺灣，以陳元光爲主尊的廟，北自基隆，南至屏東縣，幾乎遍及全島，其數量之多，1981 年至現在就有 56 座。」〔註73〕臺灣的寺廟除了合祀的現象〔註74〕之外，也有私設孔廟的存在，這是政府公部門對宗教事務的放任態度使然。如〈拜拜種種〉一文說：「按照規定，孔廟須得官府核可，才能設置，祭孔時才能拜祭孔聖，本省經官廳核可設立的孔廟，僅臺北、彰化、嘉義、臺南、鳳山等五處，但由於地方政府採取放任態度，所以民間孔廟很多，日月潭的孔廟就是私設的，而且隨時隨地都可

〔註65〕釋南亭〈一個好現象一個新希望〉，《南亭和尚全集》，頁 337。

〔註66〕窪德忠著、蕭坤華譯《道教諸神》（1996 年 10 月，四川人民出版社），頁 8。

〔註67〕窪德忠著，前引書，頁 12。

〔註68〕葉振輝《臺灣開發史》，頁 179 云：「一個地方新近開闢，若開始建廟，土地公廟常常是首要的選擇。一塊地區，若還無土地公廟，必定是開發不久或還未有漢人大量開發。」

〔註69〕關於客家人的伯公信仰，參見王淑慧、蔡明坤〈內埔地區的伯公廟調查——以美和等五村爲例〉，《六堆信仰及宗族的在地實踐研討會論文集》（民國 94年 9 月，美和技術學院通識中心），頁 55～63。

〔註70〕參見張二文〈社會變遷下的美濃土地伯公信仰〉，《六堆信仰及宗族的在地實踐研討會論文集》（民國 94 年 9 月，美和技術學院通識中心），頁 64～105。

〔註71〕窪德忠，前引書〈土地神及其信仰〉，頁 12。

〔註72〕窪德忠，前引書，頁 56。

〔註73〕窪德忠，前引書，頁 178。

〔註74〕杜而未《儒佛道之信仰研究》「附錄：拜拜種種」，頁 167。

以拜奉。這也使儒家由家流爲教由來。所以原來獎勵忠義孝悌的社教設施，因而變爲祈福邀祿的宗教祠殿。」〔註75〕

　　臺灣在戰後，來自大陸及國外的教門很多，如回教、喇嘛教、理教、一貫道、天德教、夏教、世界紅卍字會、天理教、生長之家、大同教、阿南達瑪迦瑜珈、超覺靜坐等，另外還有一百多個基督教派、同善社、悟善社，再加上原本就有的天主教、基督教長老會及戰後來自大陸的正統佛教；宗教活動的競爭之激烈，是可想而知的，也影響到宗教的祭祀行爲。林榮澤說：「我們不難想像，這麼多的外來宗派，在戰後的臺灣社會，各憑本事努力求發展。有的宗派發展的很成功，有的則趨於消失。不論成敗，這些教派必然都會對臺灣漢人社會的宗教行爲產生很大的影響。而戰後臺灣社會的快速發展，工業化、都市化後的人口流動，使得以祭祀圈所形成的聚落分際，變得不易認定。如此，在面臨這樣雙重的轉變下，我們卻發現民間宗教活動並不見衰退，大廟依舊林立的情況下，其背後必然存在一個不同於以往祭祀圈的漢人社會之宗教行爲。」〔註76〕鄉村人口外移都市，把鄉村的信仰帶到都市來，或者另找同性質的廟宇去朝拜，而返鄉之時也不忘禮拜鄉下的神明或巡禮廟宇；此外都市化、工業化、現代化的生活之下，人民的要解決的問題與想祈求的項目增多了，必然要找功能性的廟宇；而社會的教化也讓人們對心靈的認知增加不少，遊宗的行爲在臺灣是常見的現象，廟宇也成爲旅遊休閒的好去處。

（四）管理與經營

　　臺灣的廟宇，由僧人或道士管理者，也不多見，其中大部份是由信徒或俗家修行人管理者居多。而佛教的大廟，僧人少而尼眾多，也有居士在管理。佛道爲了廣招信徒，致使不少信徒不深究教旨，產生了不少社會現象，爲佛道帶來負面的社會觀感，如齋教〔註77〕與民間道士。〔註78〕如〈拜拜種種〉一文說

〔註75〕杜而未，前引書「附錄：拜拜種種」，頁 168。
〔註76〕林榮澤《臺灣民間宗教研究論集》「序言」，頁 6。
〔註77〕關於齋教，參見蔡相煇《臺灣社會文化史》（民國 88 年 1 月，國立空中大學），頁 276。
〔註78〕窪德忠，前引書〈中國臺灣及東南亞〉，頁 11 云：「這些地區的廟宇一般都很小，同大陸本土的不一樣，除了臺灣彰化市的元清觀和香港九龍的青松觀以外，再也找不到稱爲觀的廟宇了。道士人數雖然很多，但幾乎都結了婚，有妻室兒女，住在自己家裡，以別的職業謀生，有人相求才去做道教儀式，專業士很少。他們的服裝也不同於白雲觀道士的道袍，僅在做儀式的時候，把紅色、綠色或黑色的道袍罩在村衫、西褲的外面而已，平常的穿著同我們沒

的：「齋教屬佛教，齋堂尼姑與和尚是出家人，在本省盛行大乘教義中，這些比丘和比丘尼，是不能經營俗務，更不得成立家室的，但許多人終年不入齋堂，整天在家裡抱小孩、做生意，初一、十五吃兩天素食，也算是皈依僧侶。至於廟裏道士，不唸道藏（道教典），而唸佛經，和尚不住寺而住廟，都是本省民間信仰的一種特殊現象。考其原因，只有一個，如教旨限制太嚴，信徒會裹足不前，為廣招生徒，只有如此這般了。」〔註79〕其實佛教徒會轉寄在齋教或是民間神壇、民間道士廟中，或許是業障現前而佛寺中無人可解所造成的，這是佛門中缺乏有道法之士的問題，佛門淡薄人才自然流向他方，道門淡薄人才流向人間佛教的寺院，神壇、鸞堂淡薄而人遊宗於密宗廟宇，〔註80〕這或許也關涉到教團的組織與管教問題。

　　至於家廟與祠堂，祠堂的建立都是為了宗族的祭祀活動，很難說是具有統治族眾的作用，然而，隨著家族的擴大，與地方關係日益密切，祠堂的政治作用也不斷增強，逐漸變成家族的統治工具。因此，有的認為建祠的目的，與其說是為了奉祀祖先，不如說是為了控制族眾，具有政治目的。〔註81〕基於這個想法，祠堂的管理可說非常重要。其主管人員的選擇，大體按兩個原則進行，一是依宗法，由長房長支擔任；一是分尊與德能的結合，即除長房尊輩外，其他道德高尚、能力出眾的人也可任職，而後者較有利於宗祠的發展。由於家廟有完整的組織，明確的職責，加上良好的管理人員，其管理與

有任何區別。假如他們在街上行走，誰也認不出他們是道士。同樣，他們的髮式也和我們完全一樣，是在理髮店修剪的。我在臺灣和香港不是沒見過自稱上清派或全真教的道士，但他們大都是鄭一教派的，即使是全真道士，也不會遵守《全真清規》。儀式方面Ａ現在時常進行的有稱為普度、功德之類的消規模祭祀，很少舉行黃籙醮這種大規模的儀式。正因如此，去年舊曆10月在臺南舉行的羅天大醮特別引人注目。那次的羅天大醮規模龐大，足足進行了49天，東南亞地區只有黃籙醮。還有，廟宇裡多神並祀，這與大陸本土不同。道士們在自己家中設道壇，有的道士連觀音像也奉。總之，人們會很明顯地感到臺灣、東南亞的到教在純粹性方面不如大陸，這或許是由於大陸以外的道教同民間信仰的關係更為密切的緣故。」臺灣道士的特色，其實在他教也可見到此現象，如臺灣本土的密宗行人、顯教的趕經懺師，而各宗教的通靈師、靈乩、乩童也有此種現象。傳統的佛教要改良佛制，如果和尚可以結婚，那會更助長這種民間信仰的氣勢。

〔註79〕杜而未，前引書「附錄：拜拜種種」，頁168。
〔註80〕鄭志明〈藏傳佛教在臺發展的現況與省思〉，《普門學報》卷30，頁113～114。
〔註81〕鄭振滿《明清福建家族組織與社會變遷》（1992年6月，湖南教育出版社），頁165。

運作，理應相當順利，發揮既有的功能。陳進傳在〈宜蘭地區家廟祠堂初探〉文中說：「但事實上，家廟的管理過程中，受到諸多因素影響，造成各種困擾，甚至對簿興訟，眞是家廟的不幸。」「宜蘭地區發展較慢，還保持相當濃厚的傳統氣息，原有的家廟依然留存，平時都有人管理清掃，早晚上香。遇有重大祭祀，甚至席開數桌，宴請族親，歡聚一堂，共敘族事。但比較遺憾的是，近年來，少數家廟擁有者擋不住地價的飛漲，經濟的誘因，將家廟拆除，改建商業大樓，雖然提高土地的利用價值，但家廟的意義與功能相對式微。家廟式微，象徵家族的沒落，亦表示傳統社會的解體，面臨這個趨勢，如何在家廟維護與經濟發展間取得平衡妥協，進而將過去家廟功能與現在生活結合在一起，是件極待深思的課題。」

至於鸞堂歸屬問題，牽涉到民眾的眞實信仰與政府的認知之間，存在著很大的落差。關於臺灣的鸞堂信仰，根據財團法人六堆文化基金會《六堆客家社會文化發展與變遷之研究——宗教與禮俗篇》一書統計，內埔地區跟儒釋道三教有關的廟宇有 37 座，將佛教以外的廟宇皆歸類爲道教，鸞堂亦屬之，作者或有其分類標準。〔註82〕吳煬和在〈內埔地區鸞堂信仰之研究〉文中說：「惟訪問鸞堂信眾，則多不認爲其信仰爲道教，多以爲其信仰特色爲儒釋道三教合一，而且偏重於儒教，並不屬於佛教或道教。因此若主觀上將鸞堂信仰直接歸類爲道教，可能與現實或信眾之主觀認知不符。而這種由多宗教整合而成的新宗教信仰，尚有以信仰瑤池金母爲主的慈惠堂，或一貫道信仰之佛心學院，因爲各教派所信仰的神佛或有相同，但教派各有不同，因此本研究之對象，係以三恩主信仰之民間宗教爲主。」〔註83〕這就說明了官方或財團法人的資料裏的記載，跟實際狀況有出入，而一般學者找研究生研究，也主要是根據內政部的資料去歸類或再做紙上談兵的作業，而沒有眞正、實地去考查與訪談。

至於齋教徒與佛教的和諧合作關係，乃至漸次佛教化的情形，是發生在1921（大正十一年）南瀛佛教會成立之前或稍後。鄭志明先生說：「南瀛佛教會爲官方贊助之民間團體，受日本總督府內務局社寺課管理。列有章程 14 條，將臺灣佛教、齋教混在一起，統一管理，以致齋教漸被佛教所同化，逐次喪失其民間宗教的教義性格，而以佛教自居。」〔註84〕所以，光復前臺灣居士

〔註82〕財團法人六堆文化基金會《六堆客家社會文化發展與變遷之研究——宗教與禮俗篇》（2001 年），頁 72～73。
〔註83〕《六堆信仰及宗族的在地實踐研討會論文集》，頁 106。
〔註84〕鄭志明《臺灣的宗教與秘密教派》（1991 年，臺北臺原出版社），頁 84。

佛教的發展情形當以齋教爲主線。臺灣光復以後，一貫道傳入本省，因爲同屬於羅祖信仰的分支，和本省的信仰習俗相似，因此很快地取代了許多民間教團的地位；此外，齋教雖然沒落了，但無生老母的崇拜在民間仍然普遍，一貫道信仰的主神仍是無生老母，所以兩者可說脈絡相通。〔註85〕因爲政府在大陸時跟一貫道有交過手，所以初期的臺灣政府對於活動還是在嚴密地監控當中，所以其信徒轉爲地下性的私密活動。

早期政府來臺，接收了不少日治下寺院與房產，〔註86〕政府要員還常借寺院開會。政府爲了改善民俗，取締淫神邪祀，臺灣省政府公布了「臺灣省建修寺廟庵觀應行注意事項」，佛教界曾透過中國佛教會去斡旋，結果是：「凡經政府認可之宗教團體所屬之寺廟庵觀等建築物，如爲正當之修建時，應不受該注意事項之限制。」〔註87〕國民黨政府在 1980 年代以前的性格，一般學者認爲是屬於軍事威權主義政權，〔註88〕注重宗教事務的干涉與管理。〔註89〕但多年來臺灣地區的寺廟，基於宗教事務自治的原則，在政府行政規定與運作及寺廟本身制度的生長、各種環境變遷下，發展出一套寺廟內部管理制度的模式。〔註90〕目前臺灣的宗教組織，以佛道寺廟最多，最爲普遍。就組織管理而言，傳統上寺廟對於於宗務、廟務的處理，較少有科學性管理之講究；其服務效能憑熱忱而非要領，從而頗多跟不上社會變遷與信眾的期望與需求。〔註91〕關於道教宮廟的組織，黃慶生說：「其實是典型官僚體系，它是層層節制，互相制衡的一種組織型態，因此在運作上雖然較不靈活又缺乏彈性，照理講這種機制應該具有弊病較少，組織健全的優點。但事實上由於某些道教宮廟香火豐厚，主其事者懷有異心，或圖進入該宮廟組織中獨享宮廟資源，常會做出悖離常規的事情，而其賴以操控的機構，往往就是號稱以民主方式決定寺廟重大決策的信徒大會。」〔註92〕

〔註85〕陳進源《中國神明百科寶典》，頁 72。

〔註86〕釋巨贊〈臺灣行腳記〉，《巨贊集》，頁 456；因產權問題，官方要接管十普寺，後臺北佛教會理事長曾普信挽白聖長老去接住十普寺，參見《白公上人光壽錄》「民國 37 年」，頁 247。

〔註87〕《白公上人光壽錄》「民國 43 年」，頁 308～309。

〔註88〕林本炫《臺灣的政教衝突》（民國 79 年 8 月，稻香出版社），頁 132。

〔註89〕林本炫，前引書，頁 135～136。

〔註90〕黃慶生，前引書，頁 269～270。

〔註91〕參見吳堯峰〈寺廟組織的系統管理要領〉，收錄於臺灣省政府民政廳編印《宗教與社會》。

〔註92〕黃慶生，前引書，頁 248。

　　對於臺灣的宗教以及寺廟狀態，以白聖法師在花蓮的弘法日記中可以窺見大陸僧人來臺後的憂慮及局限性。白聖法師說：「（民國42年3月6日）下午，與佛教會幾位理監事閒談，我詢及花蓮佛教一般情形，據告在日據時代，只有一位出家人普欽師在此主持，他是由基隆月眉山來，歷十餘年，對佛教界貢獻甚多。39年，由普欽師及當地信眾復請來曾普信居士來住持東淨寺，自是佛教日見起色惟此地佛法之宏揚，只在40年春慈航法師來此弘法兩日，不曾再有講經道場之設置，將來實有賴於各方之贊助，以求進展（中略）。全縣寺廟僅10餘座，市內5座，3座為佛寺，即東淨寺、慈善院、化導寺，他兩處為鬼神廟，連同各鄉鎮之數處寺廟，亦均加入佛教會為會員（中略）。3月8日（中略）參觀一處媽祖廟，據謂此廟原為佛寺，後改為神廟，正殿供媽祖及其他神像數尊，舊日佛像、菩薩像均移後院小殿中。信眾信神勝過信佛，其迷途之苦，由此可知，西方淨土，僅轉念間事，因念佛法不能弘揚，寶筏迷津，何年可渡，吾輩僧眾芒鞋寒錫，所事何事！興念及此，不勝惶愧。」〔註93〕3月11日，「日間和寺裏幾位閒聊，當詢及花蓮究有幾位出家人，據謂共有尼眾5位，東淨寺4位，慈善院1位，另有曾普信居士之師兄普欽師，言之令人興感，若大之花蓮市，出家人僅此數位，且多來自山前，此間佛教之不振，可以概見。黃秘書又說花蓮支會，全縣團體會員共11人，內僅3分之1為純佛教者，其他多有神佛混淆，甚或更重視仙鬼，而忽視佛陀者，似此情形當予吾人負弘法者以更多景惕矣。」〔註94〕

　　之前，白聖法師見臺灣佛教的生態如此，即已提出改革文，其說：「凡能持戒修行，精通三藏，具足道德，能為人天師範者，不論年齡，不分僧尼，應一律推為上座部作上座師。反以上之持戒修行，精研三藏而缺少道德，不能為人天師範者，應一律歸納在大眾部內為大眾師。上座部的任務，除了住持寺院，自己修持外，應負宏法利生的責任，為佛教真正紹隆三寶的上座師（中略）。至寺廟一切事務法務等，均由大眾部完全負責。每一寺廟至少要住有上座師一人至數人大眾部的任務，凡無學問及發展能力者，得依寺廟為學習僧，訓練其自立的能力，以後隨力參家社會一切工作，如教育、文化、法律、政治、社會公益等。」〔註95〕其意見是以僧尼分上座部及大眾部，而大眾部之設立，是為了

〔註93〕釋白聖〈東臺灣半月弘法記〉，《白公上人光壽錄》「民國42年」，頁283～284。
〔註94〕《白公上人光壽錄》「民國42年」，頁288。
〔註95〕釋白聖〈我對佛制改革的意見〉，《白公上人光壽錄》「民國40年」，頁264～265；另見釋白聖〈悼念華山法師〉，《白公上人光壽錄》「民國53年」，頁484。

因應宗教流俗與民間信仰下的社會情況而定，實有其眼光及獨到處。其又說：「大眾部既以寺廟爲發展工作的根據，應該要盡上項（指供應上座師的生活、整理寺廟財產、推進佛教事業、協助上座師宏法事宜）責任。此種僧尼改制，實出不得已，但亦是近代化的一步重要轉進。因現實一般僧尼的生活習慣，在社會上，確不能得到一般人的好印象，假如一旦行爲失檢，反遭到社會上的攻擊。須知僧尼也是人，既是人就難免無過。所以，我主張僧尼不能持淨戒者，就實行嫁娶制度，免得僧尼犯戒，佛教遭殃。此種現象若衡之嚴格的佛教戒律，自不許其再列僧倫（故納之爲大眾師）。然衡之以社會文化，則亦較爲合理，既可堵絕以往之舊習，復可開其社會活動。此亦使佛教純淨化，而盡社會教化之責者。上坐師嚴守教義，不問世事，爲人間樹一清涼風範。大眾部從俗而戒殺，亦俱人乘佛教風尚。」〔註96〕明復法師說：「如當時白聖長老聽我言，進一步建立叢林，則佛教之發展，更會是別開生面的。」〔註97〕他也向道安法師建議，在日月潭設立一所叢林式的大學，來改善僧人的素養。〔註98〕可惜，因緣不具足，白聖長老的一再提出整理僧團〔註99〕、辦理佛教刊物，〔註100〕沒有預期的成效，但也反應出宗教的生態以及佛教的處境。

〔註96〕　釋明復《白公上人光壽錄》「民國40年」，頁265。

〔註97〕　他們意指如當時好好去規畫成立叢林，則佛教界哪來有星雲的氣勢。或許佛教
　　　　　該不致於走到如今佛光山的人間佛教之路，他們的話語，有褒獎也有言外之音。

〔註98〕　釋明復〈道老未爲人知的往事〉，《獅子吼月刊》第26卷第1期，民國76年1
　　　　　月15日出版。

〔註99〕　關於佛制之改革，白聖法師初來臺不久的民國40年提出，到民國66年佛教
　　　　　眞的面臨到非改革不可的階段，「和尚結婚問題」又被拿出來討論，但引發教
　　　　　界的爭訛，事見《白公上人光壽錄》「民國66年」，頁783～798。

〔註100〕　廟宇是僧人住持佛法之處，佛教刊物是教徒弘法上的一種方便行，目前的佛
　　　　　教刊物，從學術角度上來《普門學報》尚佳，但當時佛教刊物，以贈閱者居
　　　　　多。釋白聖〈爲本刊革心號說幾句話〉，《白公上人光壽錄》「民國67年」文
　　　　　中說：「《中國佛教月刊》現已發行20卷了，其中脫期了幾次，實際上，本刊
　　　　　自我創辦以來，已將近30年了。當初，我來臺灣時，臺灣沒有一份普遍發行
　　　　　的佛教刊物；而且，培植僧才的佛教教育機構也很少。爲了實濟需要，所以
　　　　　我辦了本刊。當時，本刊發行的主要對象爲出家眾，其次爲一般信眾，故其
　　　　　內容只著重在佛教經論的疏證與宗教活動報導，可以說是一份對內刊物。所
　　　　　謂發行，實際是全部贈閱的（中略）。將本刊改變爲以佛教、佛學爲主的綜合
　　　　　性刊物，除了佛教、佛學之外，還擴大篇幅與內容刊載哲學、文學、藝術方
　　　　　面的文章。我希望本刊能發生下列兩大功能，作爲教裏教外的橋樑，使教內
　　　　　讀者能管窺到多方面的知識世界，讓教外讀者也可獵及到深密佛教義蘊。」
　　　　　從此發刊辭起，不久在明復法師的主持下《獅子吼月刊》改版了，佛教的新
　　　　　面貌與生機不斷地呈現、變化。

　　佛教組織,「比較具有人治的色彩,出家住持師父以其宗教上的戒律與德高望重及信徒對其崇敬心理而領導寺院。從管理學的角度觀之,這是一種扁平式的組織與領導模式,除了住持與四大執事,中間幾乎沒有什麼層級;同時出家師父與在家居士之間,恆以宗教意識型態、宗教信仰層級及宗教教義戒律的踐行程度,來探測彼此之間互動關係。信眾與弟子對住持師父的信服力強,則師父在寺院的領導權愈行鞏固,反之則呈現不穩現象。同時由於在家居士每天生活在萬丈紅塵中,俗務的糾葛與情緒變化形成不確定活動因子,信徒大會的運作,在僧俗互動的變數中,是否有利於出家師父駐錫與寺務的活動,均影響到佛教僧眾的整體發展,因此無論從佛教的繼承慣例,或實際運作,出家眾所主持的佛教寺院都排斥信徒大會的存在。」〔註101〕林本炫在〈宗教立法應審慎為之〉文中也說:「由於臺灣的寺廟信徒與寺廟之關係極為鬆散,且信徒資格認定是以對寺廟捐款之數目為標準,因而不但不能防止廟產管理的流弊,反而造成更多弊端,以及對佛教寺院與教制的侵害。」〔註102〕林本炫也強調,宗教立法要限制新興宗教的發展,以及限制「非佛教徒的建寺蓋廟」的作為,是違反了宗教自由,且是不合乎臺灣民間信仰實態的作法;〔註103〕其又表明:「神壇與神廟不同,這兩者又與通常具有教會性質的教堂與佛寺不同。神壇之不同於神廟,乃因其私人所有。」〔註104〕從臺灣寺廟的建築與財產的多寡,可以看出很多特點來。蔡相煇在〈臺灣民間信仰概況〉文中說:「寺廟財產之增減,則與地方經濟之盛衰、寺廟之性質、管理者能否妥當運用有密切關係,狀況良好者,其財產數目仍相當可觀。」〔註105〕這些狀況不僅是日治時代如此,臺灣光復以後的寺廟發展亦如是。在 1937 年日本發動侵略中國的戰爭後,日本殖民當局把臺灣變成了他們的戰爭基地。為了控制臺灣人民的思想,殖民當局發動了所謂的「皇民化運動」,也就是要求臺灣人民做「真正的天皇的臣民」,效忠日本。為了達到這個目的,他們把臺灣所有的報紙都變成日文報紙,還把中國人常去的寺廟都關閉,強迫老百姓改用日本姓名,平常生活使用日語,學習日本的風俗習慣,改換宗教信仰,參拜日本神社,拜日本天皇。建造於民國十六年的「寶

〔註101〕黃慶生,前引書,頁 248～249。
〔註102〕林本炫,前引書,頁 161。
〔註103〕林本炫,前引書〈附錄三再論宗教立法與宗教自由〉,頁 152。
〔註104〕林本炫,前引書〈附錄四宗教立法應審慎為之〉,頁 160。
〔註105〕蔡相煇《臺灣社會文化史》,頁 211 及,頁 212「表 5-3」係民國 8 年臺灣總督府統計臺灣各地主要寺廟財產收益。

覺禪寺」是日治時代就留下來的佛教寺廟，除了有日本風味的庭院，庭院內並留有許多日治時代就留下來的石燈籠，「寶覺禪寺」主要供奉釋迦牟尼、藥師佛和阿彌陀佛三尊佛。位於花蓮吉安鄉的慶修院秀麗莊嚴外觀有別於臺灣寺廟，祂是日治時代日本移民的信仰中心，對於在臺出生的日裔而言更認同為無法忘懷的故鄉，他們不時組團回來看望祂。當年國民黨來時，鄉民為了寺廟免於被毀而把供奉的神像換成觀音神像。因此，才免於被國民黨官員毒手摧殘。〔註106〕

寺廟是人們心靈之所寄託，對國民來說是寶貴的歷史與文化，政府本當視其為文化資產，但其每受政治影響而遭受破壞，尤其是政權轉移或者是國與國沒外交時外國式的建築常不被珍視。日治時期所留下的文物受到最大規模的官方主導之破壞為外交部於 1972 年 9 月 29 日發表「對日斷交聲明」後，內政部於 1974 年 2 月 25 日「臺內民字第 573901 號函」中，發佈「清除臺灣日據時代表現日本帝國主義優越感之殖民統治紀念遺跡要點」：1、日本神社遺跡應即徹底清除。2、日據時代遺留具有表示日本帝國主義優越感之紀念碑、石築構造物應予徹底清除。3、日據時代遺留之工程紀念碑或日人紀念碑，未有表示日本帝國主義優越感，無損我國尊嚴，縣市政府認為有保存價值者，應詳據有關資料圖片，分別專案報經上級省市政府核定，暫免拆除，惟將來傾塌時，不再予重建，其碑石移存當地文獻機構處理。4、民間寺廟或其他公共建築內，日據時代遺留之日式裝飾構造物，如日式石燈等，應勸導予以拆除或改裝。5、日據時代建造之橋樑，經嵌之碑石仍留存日本年號者應一律改換中華民國年號。6、日據時代遺留之寺廟捐題石碑或匾額以及日據時代營葬之墳墓碑刻等，單純使用日本年號者暫准維持現況。〔註107〕政府宣示性的行為，寺廟的持有者或管理人未必真的會奉行，所以當今在臺灣作寺廟巡禮，會發現不少日治時代流下來的寺廟，還有一些寺廟保存著古人以及日治時代廟宇的特色，如石燈籠。〔註108〕

民國 61 年，在臺北市國立歷史博物館王宇清館長的邀請下佛教淄素及建築家、雕塑家、畫家等各界人士，集會座談，其主題是「佛教藝術研討會」。

〔註106〕〈日出我的故鄉——花蓮吉安慶修院需要我們的關心〉，2010 年 6 月 22 日。
http://taiwanus.net/news/press/2010/2010062102366231252.htm
〔註107〕陳翼漢〈歷史與文化資產之於過去〉，《博物館學季刊》第 18 期，頁 2。
http://blog.udn.com/liaowujyh/3111025。
〔註108〕指南宮、勸濟堂、龍山寺、福山宮、拱北殿等，歷經日治時代的廟宇都有日式石燈籠，參見〈日治遺跡——慈濟宮後面的鳥居〉，「我的赤腳旅行」部落格，http://barefooter.pixnet.net/blog/post/21702071。日式石燈籠

以「復興基地民生樂利，社會繁榮，宗教信仰自由，寺廟的興建及佛教雕塑繪畫的製作，風起雲湧，盛極一時，但由於所處的環境和備具的條件不盡相同，諸多設施往往雅俗精粗互有出入；又復佛道俗祀並用，予人一種龐雜混亂之感覺，如此對於國內外人士參拜觀光以及文化復興運動之推行，均屬極大之傷害。尤其現代建築材料堅固耐久，此等遺蹟，歷時逾久而貽羞愈深，我們這一代，其將何所交待於後世？」〔註109〕會議旨在集思廣益，謀求如何提高寺廟建築雕塑繪畫的創作水準，更光大往昔榮耀。會場人士大體認為神佛不可合祀，至於寺廟建築形式方面，多數人主張復古中求新求變，以適應時代要求。

對於寺廟建築方面，民國 66 年政府基於管理之責要輔導佛教清整寺院規模，引起很大的反彈，因為這有礙於佛教之發展，且公部門把佛道寺廟混為一談，所以與會人士希望「政府主管人員應先將佛道兩教寺廟分開。視其不同性質加以輔導否則本省寺廟糾紛將永無寧日矣。」〔註110〕至於寺廟與史蹟方面，日治下的政府對於私人寺廟不列入史蹟，而臺灣政府對日治下的古蹟沒有妥善管理，都有其心態作遂所之然的。日治下當時的「史蹟」係以物質文化的觀點看待人類的歷史遺跡，與戰後的「古蹟」保存偏向具有歷史價值的建築構造物的觀點是大相逕庭的，〔註111〕且依據『史蹟名勝天然記念物保存法施行規則』的界定，民間私有的廟宇、住宅等不列為指定對象。1982 年以後，政府文化資產的維護更是重視，該年 5 月公布「文化資產保存法」，毀損、拆除古物、古蹟、改變或破壞自然文化景觀、獵捕採摘稀有動植物，以及將國寶或重要古物偷運出國者，均列入罰則刑章之內。該年 11 月，文建會舉辦「文化資產維護研討會」，邀請專家學者溝通各種觀念，討論實務問題之解決。此外為了保存與傳習傳統的民俗技藝，為國民提供正當的休閒場合，協助各縣市設置文化村、民俗技藝園等。

六、天災人為與寺廟

臺灣位於亞熱帶，雨量充沛、颱風多；屬於太平洋上花綵列島之一，因

〔註109〕《白公上人光壽錄》「民國年大事——社教」，頁 670。
〔註110〕《白公上人光壽錄》「民國 66 年大事——僧團」，頁 803～804。
〔註111〕黃俊銘《日據時期臺灣文化資產研究與保存文獻彙編：以史蹟名勝天然記念物相關文獻為主》，頁 56～57。

此地震頻繁；加上戰爭、火災、水災，木建的古舊廟宇或家廟，〔註112〕易受浸損腐朽，甚至於倒塌，所以往往在一段時間便需要大力修葺、重建。〔註113〕此外人們面臨到死亡、恐懼，很自然地就求助於神明來消災保佑；加之傳統的宗教信仰，拜神便成為強烈的需要，形成生活中重要部份之一。臺灣受土地限制，廟宇不大，神像也隨比例而縮小。有些神像造形，十分與本地人的面貌極其相似，這是很自然地反映了眼前生活的環境與風格所致。〔註114〕

　　雲林北港鎮的朝天宮，相傳創建於康熙30年，福建湄洲朝天閣僧人樹璧奉天上聖母像來建茅屋小祠，直至雍正8年才改建為木屋覆瓦，始略見規模。乾隆36年，笨港縣丞倡捐，募集臣款，自福建運來木材，石材來臺興工，花費兩年修建了正殿、佛祖殿、拜亭及僧房等。咸豐五年再修葺擴建廟宇為四進，前為拜亭、二進祀天后、三進祀觀音大士、三官大帝、文昌帝君、四進祀聖父母。光緒20年北港發生大火災，街道民屋全毀，惟朝天宮僅損及拜亭一隅。光緒32年嘉義大地朝天宮也不堪而毀損，經北港區長蔡然標募款重建，光緒34年，縱貫鐵路全線通車，臺灣經濟圖飛猛進，此次的整修各地信徒大力支持，於三川殿建造長枝八角形之藻井。被視為國寶的交趾陶，在此古廟中保存著，此座寺院設有專家維護管理，對媽祖文化的傳承不遺餘力。〔註115〕新莊市廣福宮（俗稱客家廟──三山國王廟），〔註116〕係創建於康熙末年，乾隆13年遭大火燒毀，乾隆45年黃有寧款重建。光緒8年新莊大火再次被燒毀，光緒10年陳朝國等斥資再建，此次修建廟宇，所有柱子皆以觀音石為材。

〔註112〕關於宜蘭地區家廟損害的因素，陳進傳在〈宜蘭地區家廟祠堂初探〉一文中分為颱風侵襲、火災損毀、戰爭影響等三種，宜蘭的家廟都曾重修過，只是每座重修的理由不儘相同。

〔註113〕釋白聖〈東臺灣半月弘法記〉，《白公上人光壽錄》「民國42年」，頁283～286云：「（花蓮）佛教會設在花崗山上東淨寺內，寺中住持即曾普信居士，該寺之殿宇寮房，因前年地震，盡已傾圮，現有大殿及兩旁之西式配樓（平頂擬作鐘鼓樓用）乃是新近建造者？另外尚有平'房十餘間，也是去年方才蓋起，曾居士及諸善信士們之苦心經營，實令人敬佩（中略）。慈善院為日據時代之西本願寺所改建，庭院景物，布置得體，竹樹掩映，綠蔭滿窗，的確是一處清幽處所，堂廡亦具內地寺院規模。住持是比丘尼，當家是優婆夷，彼皆道心甚堅，令人敬佩。院中收入不豐，生活勉強維持，惟房屋因受地震影響，多有破財，賴樑柱尚牢，不須翻蓋，僅略事修葺即可。」

〔註114〕席德進《臺灣民間藝術》「神像」，頁32～34。

〔註115〕黃晨淳編著《媽祖的故事》第三章「臺灣發揚──北港朝天宮」，頁186。

〔註116〕林衡道口述、徐明珠整理《林衡道談俚語》，頁239。（民國85年，中央月刊社）

第二次世界大戰，臺灣被波及，不少寺廟毀於戰火，例如臺北市龍山寺、臺南市法華寺、五妃廟等，均於光復後重建，可惜古老木造廟宇被改建成鋼筋水泥的現代建築。而日治時代尙存於今的古老寺院，如嘉義法隆寺、北投鐵眞院、虎尾寺等，豎立了半個世紀的歲月風霜日曬雨打以後，面臨到建築本體維修中的色彩問題。〔註117〕

　　1895 至 1945 期間，臺灣爲日本人所據，在此期間，淨土宗與齋教極爲流行，佛寺之數量亦較前增加，可見民間對信仰的崇敬以及寺廟遭到燬壞後復原的能力。國民政府時期，由於大陸來臺高僧的重整佛教禮儀、教義與著重社會活動以及慈善事業，使信徒及佛寺的數量日漸增加；部份舊寺及已經受損毀的佛寺均被修繕或重建。〔註 118〕臺灣處於地震帶以及每年常遭受到颱風〔註 119〕、水災的洗禮，危害到人民的生命財產與建築之安全，但臺灣的廟宇神壇卻有增減。關於臺灣的廟宇神壇，以及其宗教信仰的功能，傅佩容在〈臺灣的宗教現象〉文中說：「經過日據時代、臺灣光復，然後是邁向現代化的過程，臺電區的居民所受的挑戰未曾稍歇，因此在宗教上的需求照樣十分迫切。目前各地廟宇神壇總數已經超過二萬三千座，大都香火鼎盛，信徒日增。此中原因，一是承續功能神，演變爲功利神，對於當前浮動不安、追逐功利社會風氣，可謂正中下懷，如響斯應；二是民間宗教的折衷教義與混合儀式，對於現世福報的俗化目的是完全符合的。如果宗教淪爲功利與俗化而不自覺，信仰就可能變質爲迷信。」〔註 120〕臺灣的社會，信佛道的心虔敬，在天災過後，都很努力於修復廟宇與祀祠，而中共在民國 47 年起推行「社會主義建設大躍進」，中國大陸的寺廟建築與法器普遍被毀。〔註 121〕在中國史上，人禍的法難比天災的來臨，對寺廟的損壞還要來得鉅大與徹底。但法不孤立，仗緣則生，大陸爲了需要，不論是爲了國際觀瞻、增加收

〔註117〕江佩蓉〈日治時期臺灣西部日式木造寺院配置初探與其現存殿堂修護中的色彩問題〉（民國 91 年 12 月 28、29 日，《第一屆當代佛寺建築文化與經營管理學術研討會論文集》），頁 E～8。

〔註118〕邢福泉，前引書〈佛教與佛寺〉，頁 152。

〔註119〕寺廟受臺灣的破壞與重建，如《白公上人光壽錄》「民國 50 年大事——教團」，頁 421 云：「眞華法師所創宜蘭三星靈岩寺爲颱風髓毀，臺北諸師特假平光寺啓建藥師法會籌募淨財，以謀重建。」

〔註120〕傅佩榮〈由宗教哲學對兩岸宗教文化的初步反省〉，《兩岸宗教現況與望》，頁 82～83。

〔註121〕《白公上人光壽錄》「民國 47 年大事——政經」，頁 357。

入，或者是為了對臺的統戰，近 30 年來一直在修建廟宇，但許多卻是臺灣人出資修建的，由此可見國人對廟宇的崇信以及慈悲心的展現。但臺灣僧人到大陸幫忙修建廟宇的結果，只能算是一員清眾，對廟宇無主控權是不同於臺灣的狀況；臺灣的僧人在大陸不論你在各省的縣市鄉鎮修建多少寺廟，你還是一個局外人，而不是一個山頭主如在臺灣般的受人崇敬、膜拜，還有許多人要親近你，你還要虛應故事；臺灣宗教徒，不論你是出家眾佛或信徒，你為寺廟付出多寡，那僅是給你勞動的機會，你不要心喜若狂。兩岸的宗教文化不同，國人常是認識不清楚，一頭熱地栽下去，回到臺灣不說實話還要他人也栽下去，這就是大陸所說的臺胞現象，是名符其實的「呆胞」，但反過頭來說，臺灣人如實地呆，或許就促成了文化上的一些創進也說不定！？以前在大陸，明復法師俗家時就喜歡飽覽山川勝境，尤其是佛道廟宇，海峽兩岸開通了，賴建成師曾問明復法師說：「師父想不想回大陸去看看！」明復法師答說：「不想！」賴師問：「為甚麼？」明復法師說：「大陸的親人都死光了！」其實，〔註 122〕明復法師的心裡頭許多的回憶早整理成著作，禪者往前走，過去都放下了，不用再回首思念！在臺灣，每個佛道中人都會憧憬著心中的道場，東湖太子壇的乩身想著未來的宮廟，壯圍天君殿的林師父戀著大廟，明復法師不忘山中叢林，而王靜瑩則說：「從寺宇的參訪中可以體會到理想中的寺與實際上的寺有什麼不同，我們理想中的寺大約都像日本的寺宇予人的感覺寬廣、潔淨、樸質、寺宇的造型美。但實際在自己的土地接觸的寺可能小而好，師父親切，可以解開我們的煩惱。行一趟寺，心靈清空許多，我們的生活跟常去的寺有許多交集，我們關心它，希望它好，也希望寺裏的師父修行更好，來指點我們的迷津。」〔註 123〕人人有個靈山塔，不在靈山塔下修，卻要參訪寺廟，選擇法門進學，〔註 124〕如是「參廟親近師父以進學」成了臺灣佛教徒的口頭禪。

　　要考察臺灣的廟宇，宮廟因為受到民間信仰的影響，它們的建築模式比較類似，反觀佛寺則不同。要研究它們，不同於研究佛教的傳承或特質，會看到

〔註 122〕賴建成說：「白聖、道安、明復都曾為文批判大陸中共的破壞佛教，以護持正法與傳統文化的心來看，則明復法師比兩師有過之無不及的；而我是史學家不能僅為護教而說法難，要以更宏觀的立場與廣大的視野來考察宗教事務與國家發展。」

〔註 123〕王靜蓉〈擊壤歌——理想與現實之間〉，《臺灣佛寺導遊（二）》，頁 8。

〔註124〕楊國連〈生活就是一種修行〉，《臺灣佛寺導遊（二）》，頁 197。

不少歷史的軌跡。闞正宗在〈千山我獨行──臺灣佛寺四序〉文中說:「在寺院
建築方面,就沒有這般幸運了。三百年來,二百年或一百年的寺院,無論是有
史可據,或是傳說杜傳,甚少可以讓人在一睹其建築就能得知其歷史年代。這
些個早期建築不是因天災人禍而毀滅,就是寺院主事者自動拆除,而改建堅固
的鋼筋水泥道場,使得古味盡失。寺院的傳承歷史是二百年,可是改建後卻只
有二十年的價值,這是臺灣有歷史的佛寺的普遍的現象。寺院主事者喜歡把道
場擴大整修,拆除舊的換上新的,同時也把寺院的歷史價值丟進親手挖掘的灰
燼中。天災使得歷史古蹟消失一半,人為的破壞,加速了寺院文化財的毀滅殆
盡。如今還能嗅的出百年以上歷史味道的寺院,是寥寥可數了,我們只有在泛
黃的圖片中憑吊過往的歷史,難道這也是無常?」〔註125〕

　　闞正宗輕描淡寫地述說臺灣佛寺變化的滄桑史,天災加上人禍真可謂是
為廟宇說句公道話;但期間的情形,是一般佛教學者最所忽略的,因為他們
研究的重點,是傾向於臺灣佛教的國別史或教派的興衰史。以花蓮佛教的發
展為例,李世偉在〈戰後花蓮佛教的中國化與人間化〉文中說:「近一個世紀
以來花蓮佛教之發展,與政治局勢變化關係密切,日據時期,日本佛教大舉
前來,各宗派之寺院、佈教所紛然並立於後山各地,其帶有濃厚殖民色彩的
佛教勢力,信眾堆為日本人。光復之後,隨著國民政府主政,加上所扶持的
『中國佛教會』推動,花蓮佛教於焉向日式佛教告別,迎向『中國化』佛教
的來臨。諸多原日式佛教寺院轉型為中國佛教,大陸籍僧侶、居士也大批前
來東部弘法、擔任住持,新的時代也帶來新的佛教風貌。另一方面,以入世
的社會關懷為主軸之『人間佛教』,在戰後以來的臺灣佛教界蔚為主流路線,
至今尤盛。花蓮佛教界密切地呼應這個路線,並積極實踐之,不因地處僻隅
而瞠乎西部佛教之後,有些更有別開生面的發展,如佛化婚禮、佛教幼稚園、
觀光化靈骨塔、以電影及幻燈片等弘法,佛教在花蓮的發展不僅『人間化』,
更具有相當之現代化。經由戰後以來二十餘年的努力經營,花蓮佛教的成就
斐然,『中國化』與『人間化』雙軸並進有成,不論在信念或實踐上都已漸為
花蓮社會所知悉,為花蓮培育了穩固的佛教磐石。也因此緇素二眾在質與數
量上大有成長,許多人認識、信仰、護持佛教,間接地帶動下個階段『慈濟
功德會』的崛起,成為最具全國與世界性的佛教教團,其他的佛教道場也各

〔註125〕闞正宗《臺灣佛寺導遊(四)》,頁2。

有所成，歷史並非斷裂式的發展，逢補缺頁便成為必要之舉。」〔註126〕臺灣的廟宇的發展，走過了「祖國式」、「日治式」、「中國式」、「人間佛教式」，當中還受到基督教、天主教、民間信仰與一貫道等的洗禮，所以廟宇的樣式極多；其間隨著社會的變遷、家廟宗祠的式微以及教育的普及，人民選擇信仰的機會增加，連帶使得各宗教的人口數看起來增添許多，但在神佛合祀之下，俗世佛教與俗世道教的人口數是不少的，這在研究人間教團時所最必須留意的，因為在臺灣遊宗的現象特別發達，有時不是問卷訪談可以查出來的，更何況僅是翻閱政府的檔案，其模糊性更高，廟宇的性質亦然。闡正宗說宗派思想的流變容易看出，而一眼就看出寺廟屬於哪一個年代卻不容易。如同看一個人的信仰一樣，其主要信仰是容易分辨的，其雜學處則要細心觀察，在臺灣就是如此。陳清香在〈踏察臺灣早期佛教流布的足跡〉文中說：「龍湖巖又稱赤山岩，為於珊瑚潭之畔，創建於永曆十九年（中略）清乾隆之際，寺宇初充滿了湖光山色，具花木扶疏的園林之美。此岩寺貌，歷經明鄭、清代、日治時期等長久年代，殿宇逐次擴充，今日所見，寺宇巍峨，已具前殿、中殿、後殿等完整殿堂。驅車駛進龍湖巖的山門，首先映入眼簾的，便是湖面閃耀的粼粼波光；駛進殿宇前，可見重簷歇山式、正脊平直、黃金色琉璃瓦覆頂的前殿，正中是仿明清北方宮殿式，具出挑斗拱，樑坊上施和璽彩繪，正前方兩根蟠龍石柱。左右兩側是白色磚牆建物各開設一圓門三方窗，與二樓的白色欄杆相呼應，此是戰後五、六十年代流行的佛寺式樣。中殿供奉十八臂準提觀音為主尊，為整修彩繪，匠師正搭鷹架，彩繪天花板，左右兩板各畫一幅碩大的伎樂天人，十分具現代感。後殿的空間處理，十分特殊，主體建築為一前後兩坡的懸山式屋頂，而正門前方卻向前伸並加蓋迴廊，迴廊正面的牆面裝飾，分為三堵山牆，上加剪黏圖飾。就外形而言，此後殿是以清式的殿宇為基礎，再加蓋西洋式的山牆，是日治時期二十年代新流行的裝飾風格。尋禮這座擁有建寺三百五十五年歷史的古剎，細細咀嚼著每一殿宇，屬於清代閩南式、日治西洋式、戰後北方宮殿式以及現代式的建築裝飾手法，真是回味無窮。」〔註127〕

〔註126〕《圓光佛學學報》第 14 期（民國 98 年 1 月，中壢市圓光佛學研究所），頁185。

〔註127〕《慧炬》第 552 期（民國 99 年 6 月 15 日），頁 41～42。

臺灣的廟宇跟大陸廟宇相比較之下，臺灣的廟宇受到天災人禍的影響比較小，然臺灣處於歐亞與菲律賓海板塊交接處，建築必須有耐震之設計。學者專家們從 921 集集大地震以來，針對十四座佛寺作勘災調查後提出一些建議；他們認為建築形式，不僅受到宗教思想、行為活動的影響，也會受到地域性自然條件和微氣候的限制而在建築形體與構造上做出必要的對應，所以必須從物理環境的角度重新思考基地選址、建築配置、結構系統、設備系統與物理環境之應對，探討兼顧佛寺儀式性空間與禪堂空間之耐震設計。〔註 128〕

七、兩岸的寺廟文化

自從兩岸分治以來，兩岸的寺廟文化的走向大不相同，大陸傳統的寺廟建築與文化逐漸被消滅，而日治下的臺灣寺廟與文化，因為臺灣光復而其色彩逐漸消退。臺灣的寺廟建築與文化，雖有其特色與風格，但跟大陸未被破壞以前相比較，是見形失色的，更何況是其實質內涵。王靜蓉在〈願菩提長青——記臺灣佛寺出版因緣〉文中說：「我們也常願心中就一座莊嚴的寺宇，不用遠求，但怎耐這寺宇的和尚是一天撞鐘、一天停擺，一日燃香、一日停火，一日誦經、一日把經書做枕，我們對心中的寺宇不夠賣力，那計要經常親近莊嚴的道場啊。寺宇則與歲月共同呈現它的生命力。論地域之寬廣、文化之背景，臺灣佛寺是不如大陸佛寺之多之大之美，但臺灣佛寺有臺灣佛寺的可愛。是生在臺灣的中國人，才有緣清楚完整地去學佛。一個道場訪問過一個道場，討論千宗百派之別，甚至不學佛，也近近民間信仰，憂懼企盼的時候，就上廟寺來焚香祈求。其實是臺灣的佛寺才能致力維護、整建，大陸難多了。」〔註 129〕

（一）大陸的佛道

民國 38 年以後大陸的寺廟又是如何的景象呢？明復法師在《白公上人光壽錄》「民國 38 年大事——教團」文中云：「上海《文匯報》5 月 7 日（古曆4 月 8 日）報導：『上海靜安寺廟會起自清光緒 7 年，蘇杭一帶信眾，海會雲集，寺外負販，百貨雜陳，無奇不有。今年靜安寺裡另有一番新氣象，改而

〔註 128〕江哲明等〈從生態氣候物理環境探討臺灣佛寺建築之震害與永續發展〉，
http://www.pws.stu.edu.tw/paul/C_Symposium/C001.pdf。
〔註 129〕楊國連、呂秋豐主編《臺灣佛寺導遊（一）》（民國 84 年 7 月，臺北菩提長青
出版社），頁 6。

舉辦防火交通衛生展覽會。佛誕日，老年人在大雄寶殿燒香祈禱青年遊玩名
勝，細看展覽會的模型圖表。此一展覽，連續 3 日，將於明日晚上結束。』」
〔註130〕在中共統治下，民俗的廟會活動，被消防、衛生、交通演習給取代了。
諸山高僧除了被冠上「國特」、「反動」等罪名被清算外，「時共軍佔領地區，
普遍發生佃農鬥爭僧尼，清眾鬥爭執事，被傷害致死者日有所聞。各地寺廟
原為國軍徵用者，共軍皆予沒收，僧尼逃亡他所者，共方機關與地方幹部則
乘機佔住；並多方脅誘僧尼參軍返俗，有所謂『老和尚吃粥，大和尚報國，
小和尚返俗』之說。」〔註131〕在中共的統治之下，佛、道寺院是殘破的，但
文化大革命之後有所改變。

　　至於中國大陸的道教，日人窪德忠在〈道教的現況──中國大陸本土的
動向〉文中說：「中國的文化大革命結束以後，我國佛教界人士開始訪問中國。
隨者訪問次數的增多，逐漸摸清了文革以前和文革以後佛教界的動態。然而
有關道教的信息卻零零星星，而且各說不一，因此理不頭緒來，早在第二次
世界大戰前知識份子就攻擊道教是搞封建迷信的宗教。戰爭期間，許多道觀
或被軍對、警察占領，作為屯兵之地；或當作校舍、工廠。中華人民共和國
成立之後，道觀擁有的土地已所剩無幾，僅夠維持道士們自給自足的生活。
相當於佛教僧尼的道士和道姑，其佈教活動受到限制，政府要求他們自己養
活自己。」〔註132〕日人關心中國的宗教，包括臺灣在內，是有其原因的。窪
德忠在其著《道教諸神》「序」文中說：「大約一年前（1983 年前），我會見過
稍稍早些時候從臺灣歸來的一些小旅行團成員。他們說臺灣的景色十分秀
麗，飲食可口，賓館也是第一流的。他們還到寺廟參拜過。然而，當我問起
賓館的名稱時，他們卻說：『不記得了！』再問寺廟名稱，也說：『忘了！』
我想，倘若中國旅行熱就是如此這般，便沒什麼意義了。觀賞秀麗山川，品
嚐佳餚美味，下榻高級賓館，固無可非議，但在當前，最好是同中國人交往，
通過了解他們的文化來研究日本同中國之間的關係。特別是中國有道教這樣
的宗教，它對日本人的習俗、信仰曾產生過莫大的影響。關於道教，正如本
文將稍作介紹的那樣，它是中國土生土長的唯一宗教，至今還頗受中國人的
信仰。因此，通過了解道教，能夠從一個測面懂得中國人的生活信條和認識
事物的方法。很早以來，我一直對到教十分感興趣。依我看，去中國旅行的

〔註130〕《白公上人光壽錄》「民國 38 年大事──教團」，頁 255。
〔註131〕同前註。
〔註132〕窪德忠著、蕭坤華譯《道教諸神》，頁 1。

日本人不如參觀一些有關道教的設施，聽聽中國人的想法和看法，帶著這方面的興趣歸來。」

　　道教在中國，其舞台從清高走進政治、從政治趨向民間，當前不論是在大陸或臺灣，真的道士是稀少了，所謂的民間道士卻是多見。林進源在〈道教的分裂與現況〉文中說：「明清以後，隨著政治情況的改變，朝廷將宗教當作一種統治的工具，不再如過去般崇奉，因此宗教的勢力逐漸退而不顯，佛教如此，道教亦然。宗教主要的舞台也因而轉至民間，而不再像過去一樣具有政治上的力量，這種情形一直延續到今天。」〔註133〕人民意識的覺醒，自我的意識的提高，在生活與工作上，宗教在人們心目中的地位逐漸退卻了，宗教意識的影響力沒有能比得上人們對現實生活的重視，尤其是工業化、科技化、資訊化來臨的時代更是如此，方外人士以及寺廟的功能也由是在變化中。林進源說：「民國以來，由於五四運動的影響，宗教的社會地位始終衰微，只是到其負面的影響，而不是肯定其正面意義，因此更加速其蕭條。至政府播遷來臺，本省道教雖稱興盛，但止於以小術炫惑於民，甚至與民機信仰混為一談，真正持戒修行的道士已不多見。身為承傳中國文化薪火的人，眼見文化遺產的萎頓，是否應有深刻的反省呢？」〔註134〕道教民俗化的結果，民間信仰的廟宇、神壇在臺灣是林立了；而在傳承方面，傳法或傳座的現象，如同佛教是難以嚴明的，在傳賢方面更是比不上佛教寺院，且天師的角色還起過爭執，且有傳說要用擲筊選取的怪現象產生。道教在臺灣真的俗化了，恢復到還沒成為一個教團前的模樣，人們各修各的道法、各信各的神明、各辦各的修院、各設各的道場，自蓋自己的廟宇，要展望未來如同佛教還在作精神喊話。〔註135〕

　　中共在統治大陸期間，曾經為了統戰以及國際觀感的需要，修建過一些廟宇以及辦理佛學院、佛教圖書館、印經處與佛教刊物，其事見諸於民國 44 年 8 月 22 日《中國新聞》通訊社發布的趙樸初〈新中國佛教十年談〉文章之上，但文革之後佛教的生態又變壞了。明復法師說：「趙氏此篇報告由中共統戰部通信社發佈，顯係其統戰重要措施。其所誇耀之此類成就，在所謂『文化大革命』時，悉數被列為應破除的腐舊東西而遭到破壞，可見這些成就的性質與功用是政治性的，並非為了宏揚佛法。而佛教被他們用為政治工具，在理論上與實際上所遭受的曲解與污衊，顯然是往昔任何一次法難所不能比

〔註133〕林進源《中國神明百科寶典》，頁 55。
〔註134〕林進源，前引書，頁 55～56。
〔註135〕呂秋豐〈爾時西息爾時心〉，《臺灣佛寺導遊（一）》，頁 230。

擬。」〔註136〕大陸來臺的佛教徒，如同參觀巡禮過名山勝境的外國人一樣，關心著宗教的發展。窪德忠說；「早在 1942 年秋，我就用了兩個月的時間在中國的遼寧、河北、山西、山東轉了一圈，參觀了幾個道觀，登上了泰山，還在北京的白雲觀這座有名的道觀裏生活了一個星期，親身體驗了道士生活。當時之所以特別選擇白雲觀住下來，是因爲我一直對全眞教這個道教教團極感興趣，而白雲觀正是全眞教的總本山，我的目的是了解這個教團的眞實情況。由於有這段經歷，我現在比任何人都更關心中國政府對道教以及對著名道觀的政策。不久，我聽說中國政府保護並開始修復那些著名道觀，還聽說 1957 年成立的道教協會也開始恢復活動。聽到這些消息，我暫時放心了。其後，又聽說在文化大革命中一度變成兵營而完全荒蕪的白雲觀不再被占用，還加以整修。」「我們乘坐的汽車街近白雲觀時，一堵墨書『萬古長春』的紅色大影壁映入了我的眼簾，它挺立在牌樓前面，依舊是握從前看到的那般豐姿。所謂影壁就是屏風，作用是驅魔，或阻擋惡風，多半修建在住宅或廟宇的門外或門內。汽車穿過牌樓，進入觀內，觀內的景色也同我記憶中的模樣沒有區別。這樣，懷舊之情油然而生。據主人介紹，1981 年時，白雲觀還殘存著文革中作過兵營的痕跡，當時各殿堂的神像布滿灰塵，到教經典散亂一地，一片荒涼景象。可是如今觀內整理的乾乾淨淨，個殿堂也修復得很好。接待我們的道士同過去沒有兩樣，在他們的帶領下，我們來到厚殿的東客堂。東客堂對面的西客堂南端有一寢室，那是 1942 年我曾起居的客房。望著同 41 年前幾乎沒有變化的觀內景物，有置身於夢中。不過同以前相比，觀內狹窄多了，居民住宅甚至修建到影壁的周圍，其後看到的神像也是重新塑造的，原有的神像蕩然無存。以前，一進大門就是泮池，泮池上架有泮橋，泮橋裝飾了大理石欄杆，各殿堂還由牆壁隔開縣在這些傳統沒有了。」「1942年白雲觀有 80 名到士，據說 10 年後減至 5、6 名，現在 14 名。從道士們的衣食到白雲觀的日常費育，全由政府撥款。目前正在對從全國集中的 30 名年輕道士實施定期教育，以培養道世繼承人。」「他們每日早晚還要誦《早晚功課經》，進行修煉，另外，還要舉行超度王靈的黃籙醮、超度帝王的金籙醮、超度一切生靈的羅天大醮等祭祀儀式，這同 1942 年舉行的儀式沒有兩樣。舉行這些儀式時要誦《三官經》。由此看來，歷來的祭祀傳統或許能得到繼承並流傳下去。不過最使我驚訝的就是爐丹，它擺放在森清閣本尊前的祭壇上。

〔註136〕《白公上人光壽錄》「民國 44 年大事——教團」，頁 318～319。

所謂爐丹就是香灰，過去人們普遍相信，把香灰同水混合一起吞服有特效。在臺灣、東南亞等地還經常見到這種現象。在現在的中國，而且是在以排除咒術性為原則的全真教總本山的白雲觀發現爐丹時，我甚至以為自己是在做夢。可那不是做夢，當時那兒還有用舀香灰的匙子呢！」〔註137〕大陸的宗教信仰，從窪德忠的觀察以來，是一直在改變中，不僅是國家政策使之然，民眾的舊有信仰還殘存著，〔註138〕且隨著宗教現象的變化而直在發酵中，如氣功熱、禪學熱就是，未來的變化如何難說。

　　當今中國的學人重視文化發展，對於佛教寺廟多做考察與記載，有云：「中國佛教寺廟也是中國文化的寶庫，雕刻、繪畫、經典、碑刻應有盡有。」〔註139〕「從建築上來說，中國的佛教寺廟可稱為中國古代建築博物館。」〔註140〕中共對於宗教的一冷一熱態度，尤其是文革前後的態度大不相同，讓巡禮名山寺廟的臺灣僧人有說不盡的感慨。〔註141〕至於其寺院的類型與特點，有云：「佛教寺廟，是供奉佛像、存放佛經、舉行佛事活動和僧眾們生活、居住的地方。因此，各類佛教寺廟的建築和布局，無不與它們的功能相適應，同時又受到當地民間傳統建築廣泛影響，從而形成了自己的風格和特色。與中國佛教的幾大派別相照應，中國的佛教寺廟大體上也可以分作北傳佛教寺廟和南傳佛教寺廟。北傳佛教寺廟，又可分為漢族佛教寺廟和藏純佛教寺廟。（中略）在漢族佛教寺廟的重要庭院中，廣植花木，或植松或種柏，或栽銀杏，或培育紫荊、藤蘿。在有的寺廟庭院中，還掘有荷池，叠有假山。因此，漢族佛教寺廟把宗教建築和生活建築巧妙地結合在一起，既是理想的宗教活動場所，又是安全舒適的生活居住區。」〔註142〕儘管中國大陸已經逐漸修復大的寺廟，從外表看起來是宏觀的，能吸引許信眾來朝山觀光，但臺灣民眾很快就能發現在中國「信仰佛教而眞正學佛者的太少」，常開法師由是說：「大陸佛教，今後極需臺灣僧眾以大乘佛教，向大陸各地弘法推展。」〔註143〕

〔註137〕窪德忠，前引書，頁1～5。
〔註138〕大陸的宗教信仰跡象，如神佛像、爐丹、燒紙錢、焚香、卜筮、神輦及借神像回家供奉等，參見窪德忠，前引書，頁3～10。
〔註139〕羅哲文等《中國著名佛教寺廟》（1996年8月，北京中國城市出版社）「概述」，頁1。
〔註140〕羅哲文等《中國著名佛教寺廟》「歷史價值與藝術價值」，頁29。
〔註141〕釋常開《行看流水坐看雲》，《慈明》第2期，頁24～27。
〔註142〕羅哲文等《中國著名佛教寺廟》「概述——類形與特點」，頁11～21。
〔註143〕釋常開《行看流水坐看雲》，《慈明》第2期，頁27。

（二）臺灣的佛道

關於臺灣的佛教生態，南亭法師在〈誰是當前的佛法金湯〉文中說：「大陸上的佛教不再談了。現在來說自由中國臺灣省的佛教以及大陸來臺的僧尼。臺灣省的佛教寺廟原來也有田產，但施主多半祇租穀而不及產權，經過三七五減租，耕者有其田，各廟宇也就跟著完了。幸虧臺灣佛教的信徒多，所以生活還不成問題。至於大陸來臺的僧尼，則更慘了，一身衣服而外，別無長物。初期兩三年中，飄蕩無依，政府從來沒有問一問大陸來臺僧尼的生活。經過年的奮鬥，也因臺灣佛教信徒多，大陸來臺的佛教信徒也多，才得各有一技之棲。官廳裏曾經要管理寺廟『油香的箱子』，這都是受了龍山寺、指南宮、北港媽祖廟的影響，以為每一間廟宇都是如此。但是他們是有董事會的組織，與僧尼無關，然而並沒有人敢打他們的主意。本省和外省籍僧尼能得生活下去，並且能夠興辦佛教教育、社或教育，如慈航中學、智光中學；能仁中學、佛光山各級學校、醫院、養老院、育幼院等，這都是海內外佛教信眾布施的結晶，這也就是佛教的外護。我不知道，佛教僧尼哪一點對不起政府與民眾。」〔註144〕中國佛教會來臺的貢獻，除了明復法師的《白公上人光壽錄》所提舉的之外，南亭法師也歸納為護國與護教、宣教與救濟、國濟有誼之爭取，還有對政府的政策與教界之檢討，佛教面臨到內部不團結、加入中國佛教會者不多，在外未得政府的全力支助如日產寺廟發還與僧侶服兵役優待問題。〔註145〕大陸僧人來臺最關心的是佛教界團結，其此是佛教教育與寺產，最後是念念不忘恢復大陸佛教。南亭法師在〈所希望於中國佛教會者〉文中說：「二十世紀的世界，關門政策是寺廟和僧尼空前的摧殘。等到大陸收復，大陸上的佛教已所存無幾了。佛教不分國界，何況乎臺灣與大陸同胞，同一血統，同一祖國。大陸上的佛教遭到摧殘，臺灣佛教同胞有復興的責任！這重大的責任，應當寄託在臺灣佛教的青年肩頭上。但臺灣佛教青年有幾個？有知識的青年又有幾個？退一萬步說，臺灣佛教的本身也需要青年做未來的基石，所以臺灣佛教青年皆有讀書的要求，臺灣佛教各寺廟的住持、長老、佛教會有趕快培植青年的必要。」〔註146〕但在臺灣青年願出家者少，因出家難對於出家僧尼偶犯禁戒予以容忍；〔註147〕而出家眾

〔註144〕《南亭和尚全集》，頁302～303。
〔註145〕釋南亭〈六年來中國佛教會之成就〉，《南亭和尚全集》，頁286～297。
〔註146〕釋南亭〈所希望於中國佛教會者〉，《南亭和尚全集》，頁283～284。
〔註147〕釋南亭〈如何引導青年出家〉，《南亭和尚全集》，頁373。

中，尼眾卻多，〔註148〕因此僧俗與僧尼的各別教育、尼眾也要分擔弘化的責任，〔註149〕但各寺廟的佛學院卻各自爲政，〔註150〕成了教界弘化生態上的一大問題。早期的僧眾對外道比較能寬容，〔註151〕爲了佛教培值好信徒是其職責之所在；〔註152〕因爲出家、好說善惡因果報故事，〔註153〕使得信佛教常被人家笑稱是迷信；所以祇好從信佛的徒眾入手說不殺生，也勸導素食。〔註154〕早期的大陸僧人來臺，其弘化不遺其力，包容性大、堅信改革能使佛教生態更好，而後來的正信佛教教團則對外道批判甚力，因爲來親近者已多、而知性尚好的緣故。南亭法師看到政府對宗教的態度，以及佛教界的生態，其感慨地說：「宏揚佛法，也不是必然的需要學校與慈善事業，出家佛教徒只憑個人刻苦自勵，從戒、定、慧三學努力薰修，這感化力遠比學校、慈善事業爲大。這如虛雲老和尚、印光弘一二大德，皆是我們後起者很好的模範。大陸的佛教寺廟與財產，必定是摧殘殆盡，將來靠寺廟財產復興佛教，這希望等於零。」〔註155〕他老人家的說法，跟當前佛教學者的警語是雷同的，再多的金錢與建設投注到大陸去，不如用心在爲了佛教長遠的著想，力量操在自己手裏，做好自己隨時可以拿得起，不然放心不下。

　　在中國大陸或者是臺灣社會，因爲深受宗教與民間信仰的洗禮，我們所說的傳統文化其實它是很複雜、多元性的文化，已經根植在華人的內心深處。不論統治者想徹底摧毀掉它們，或者是想徹底地改良一番，都是不可能達到的，因爲這都是抹滅人性與忽略根器的作爲，到頭來是呼嚨一陣子，是自己的心意在作怪，是自己放不下、想不開，還以爲自身貢獻許多。從大陸來臺的宗教徒與僧人，也有如窪德忠類似的宗教感觸，但在臺灣落地生根了，開

〔註148〕中國佛教會的尼眾比比丘多，參見《白公上人光壽錄》，頁403。

〔註149〕釋南亭〈談談尼眾教育〉，〈和尚全集〉，頁10～13。

〔註150〕釋南亭〈如何辦好一所理想的佛學院〉，《南亭和尚全集》，頁5。

〔註151〕釋南亭〈佛教與倫理－宗教源流探討〉，《南亭和尚全集》，頁46云：「神道設教：人的智慧參差不齊，而世間有許多事，即使是上智者，有時也弄不清楚，而下愚之流，往往懾於神威而減少兇殘。所以號稱開化最早的中國，在《書經》上也有『神人以和』（中略）。遺風餘韻，在臺胞們大大小小數不清的拜拜上還可以看到。但就人性如水，下流者多而言，信神終不不信神的好。」

〔註152〕釋南亭〈智光職校校刊卷頭語〉，《南亭和尚全集》，頁224。

〔註153〕釋南亭〈佛教宣傳品應該簡單化的建議〉，《南亭和尚全集》，頁224。

〔註154〕釋南亭〈提倡素食館〉，《南亭和尚全集》，頁5。

〔註155〕釋南亭〈慢談佛教（二）——對佛教事業的補充〉，《南亭和尚全集》，頁326。

始進行佛教的本土化與現代性的改革。臺灣的寺廟，普遍是小的，〔註156〕而僧尼與廟宇住持人的素質不同於大陸，但不論是本土性與祖國化，兩者都讓人有可議之處。

此外，「臺灣寺廟之裝飾，其動機與精神即在於如何去表達中國人的價值觀點，其中當然也包括了審美的判斷。論及寺廟建築之裝飾，則會包含有趨吉避凶、祈望教化與自我表彰三個動機。」「臺灣廟宇之裝飾，又比閩粵內地豐富，一座精雕細琢，富麗堂皇，五彩繽紛的寺廟無疑是這種精神之化身。支配廟宇建築裝飾之題材與風格，最主要有四種因素；一是道教思想：這些有感情有個性的神仙題材，賦予匠師無限多的想像力，去創造裝飾之形式。二是敬天思想：所謂天圓地方，對自然界之觀察，體會其中的神奇奧妙。三是陰陽五行思想：從易經發展衍變出來的陰陽兩極理論，給予裝飾或構造上陰陽、正背、高低、方位及大小之序位觀念。四是佛教思想：輪迴的觀念與佛教世界豐富而神秘的故事，啓發了中國人更廣的想像力。」「寺廟建築的藝術表現是多方面的，建築物的設計出自世代師徒相傳的匠師，他們所學習的技藝，雖然不是現代科班訓練的藝術，但是卻融入了中國古代諸多藝術，例如繪畫、雕刻、泥塑及陶瓷等技巧。因而一座傳統寺廟，事實上匯集了中國傳統藝術之大成。特別是民間的藝術，從題材的選擇到構圖之安排，皆反映出中國古代民間藝術之精神。」「與世界上其他宗教建築比較，臺灣寺廟之裝飾藝術並非最複雜，但裝飾技藝種類卻屬較多。」〔註157〕

兩岸的廟宇建築，雖然跟政治或人群活動脫離不了關係，但從期間除了歷史痕跡之外，可以看出一些現象。以國內的廟宇為例，楊國連說：「從早期漢皇文化公司在『臺灣聖地之旅』的編輯工作，到現在的『佛寺導遊』編輯；從民間信仰到佛學探討，這其間我才深刻體會到，中國人是個高度依賴宗教的民族，雖然每個人目的不同，但都能在各取所需中，獲得一個精神上的互補與均衡發展，好的影響所及則可提供人們生活的教化和陶冶，成為行為的歸範，而從其中也學到了很多的東西。而寺廟的整理探訪工作，除了介紹佛

〔註156〕窪德忠，前引書「福建的道觀」，頁9云：「（泉州）關岳廟的歸模很小，與臺灣的相似。臺灣的廟宇一般都小，也許是受了福建的影響。但是，福建的關岳廟雖小卻非常熱鬧（中略）。所謂筊，是一種占卜的工具，形似貝殼，一面扁平，一面鼓起成半月狀，兩個為一組。其材料，臺灣和東南亞是木頭或竹根，泉州則是竹干。」窪德忠，前引書「中東南亞」，頁11云：「這些地區的廟宇一般都很小，同大陸本土的不太一樣。」

〔註157〕賀晨曦〈臺灣傳統建築之廟宇〉，「中國臺灣網」2008年1月3日。

友可以參訪的地方以外，它更保存記錄了每個寺廟的興衰歷史，和前人辛苦興建的過程，不論外景或內部，我們努力把它拍照下來。更希望讀者能在參訪中獲得更多佛學中的滋味，能參悟人生三昧。」〔註158〕據報導臺灣一年的算命產值高達 50 億元，可見臺灣人民除了宗教信仰之外，也流行於算命，算命人口當中有否制度性的宗教徒與民間信仰者，而算命術士是信何種宗教，這些術士跟哪一種廟宇有關，這方面乏人研究，如果能研究得出來，我想國人對宗教與民間信仰者的心態會有進一步的瞭解，尤其是更加明白正信佛教徒的實際生活狀況，我想這應該從佛寺裡頭先對信徒作瞭解開始。闞正宗在〈再一次莊嚴——臺灣佛寺導遊序〉文中說：「臺灣佛寺有大有小，有新有舊，有名聞遐邇，有沒沒無聞」，但是古今聖賢皆知道，以貌取人的謬誤。寺院住眾的修持是無法從寺院外貌判別的，因此有心尋訪名山名師的人只有以更謙卑的態度去從事了。」〔註159〕在臺灣不能用寺廟外貌〔註160〕以窺知修行者的德行，同樣也不能用宗教徒的一時外貌來認知其真的對此宗教一生淨信。

　　這十多年來，對於佛教與民間信仰的研究作品不少，這顯示出臺灣宗教信仰的勃興。闞正宗在 1996 年 5 月底所寫的〈漸行漸遠〉文中說：「最近這一兩年，許多有關臺灣佛教史的書籍如雨後春筍，陸續的出版或將出版，這個現象除顯示臺灣佛教史的研究邁入一個新的里程之外，應當還有其他的實質意義。」〔註161〕雖然外國的社會學家說：「宗教發展到某一種程度，影響到人們的活動與視聽時，社會學家才會去探察與研究。」但臺灣的情況，有些許的差別，固然社會的現象不時有社會學家在做田野調察並出版專書，但其主題通常是社會變遷與政教關係；而宗教史的研究，在臺灣政府實施威權統

〔註158〕楊國連主編《臺灣佛寺導遊（三）》（民國 79 年 3 月，臺北菩提長青出版社），頁 198。

〔註159〕楊國連主編《臺灣佛寺導遊（三）》，頁 4。

〔註160〕道教宮廟就不用說了，以中台禪寺為例，其建築就備受批評。國內佛寺，不著重在禪修的德行上，比大比美拘泥於表相，成了破壞景觀的龐然大物，佛教界呼籲回歸素樸的本質，但有的積重返了。1992 年元月江燦騰於《佛教文化》發表〈當代佛寺建築的省思〉一文，即公開批評要興建號稱「全世界最大規模的禪宗道場——中台禪寺」，為臺灣佛教界「暴發戶」的心態在作祟。南印度藏傳佛教蓋的佛寺規模也是龐大，尊者對之提出糾正，道理都是一致。佛教強調三寶，僧寶貴在修持不在世間繁華，信眾因之而依止，今人因其名位利養的關係而崇敬之謂為顛倒，教界能不戒乎？！

〔註161〕闞正宗《臺灣佛寺導遊（八）》，頁 9。

治前是少見的，有的是約略的敘述臺灣的佛寺與佛教，〔註162〕或者是民間宗教簡介。自從李登輝主政以來，國家的整體發展轉變了，務實外交與重視本土文化雙管齊下在進行，中國通史的課程改變爲臺灣史。以前在大學，從來沒有臺灣史的課程，只有一群喜歡臺灣東西的人聚合在一塊研究，暑假則是參與古蹟巡禮，喜歡臺灣東西的人大抵是本省人，後來一些學者不是臺獨傾向就是本土化的觀念很強，價值觀跟傳統史家或保守主義的史家不同，研究歷史著重在心立個意識型態；這或許是對國民黨意識下的反動，因爲國民黨把喜歡臺灣兩字有關的人或事物，都先入爲主地認爲是臺獨。賴建成說：「在改變歷史課程名稱的前一年，我代表學校去劍潭開會，總統府、教育部的人以及大專院校的代表都來了，會中談課程問題，我一聽中國通史要改爲臺灣史，我心想臺獨時代來臨了。果其然，臺灣史課程一打開敘述的臺灣島的成立，跟前總統蔣公說的很不一樣，如同中國史，臺灣族群與文化的來源是多元性的。從此，中國與臺灣的名稱，在報紙與國人口中越聽越習慣了，我們以前被教導是中國人，與中共不同，現在我們是臺灣人，與中國不同。那我一向研究中國斷代史，教的課程變成臺灣史，研究跟教學兩極端，升等成了問題，還好我一向關心臺灣的東西。」賴建成君由是以《臺灣民間信仰、神壇與佛教發展之省思——臺灣宗教信仰的特質》爲主著作，於民國96年月升等爲主著作，其民間信仰與神壇部份則大量運用田野調查所得的資訊。

　　自從大專院校開始上臺灣史、臺灣社會史的課程，一些喜歡本土宗教的學者，就很邁力於臺灣史的研究，當中還包括佛教學者，研究斷代史的不少人轉向於臺灣佛教史這塊新領域；其中一部份人有私心自捫的心態，我先寫臺灣佛教史課本或教授此中某一領域，我就是個中權威，我跨步先登我就是專家，從某一種角度來看，有這種先軀者被後來者當墊腳石也是不錯，由是臺灣佛教史的很多領域逐漸被開拓出來；近幾年來，連最冷門的寺廟文化、殯葬文化，都大有人投入，由此可見臺灣宗教信仰之興盛。民眾對宗教信仰的狂熱，連帶以前被大陸僧人視爲窮鄉僻壤、不利發展的山區或破廟，都興發起來了。闞正宗在〈漸行漸遠〉文中說：「在編撰（《臺灣佛寺導遊》）之中，才發現南投地區在當今臺灣佛教盛況空前中，其佛寺興建的密度在全省各線市的比例是名列前茅。這是日據時代，甚至之前都無法比擬的。這應驗了中

〔註162〕參見邢福泉《臺灣的佛教與佛寺》，民國70年5月臺灣商務印書館印行。

國的一句古語『田下名山僧佔多』。南投地區的好山好水，的確吸引、感動了很多方外之來此創建道場，其原有因多山交通不便而造成的『封閉性格』，完全消除殆盡，負債轉變成資產。」〔註163〕大陸也是一樣，初時中國政府出資修護不少佛寺道觀，目前拜觀光旅遊與臺灣信徒的熱心捐助，從投資轉成利多，臺灣有高僧還引領企盼二十一世紀大陸佛教成為世界佛教的重要主體，並說：「但其較臺灣發展晚四、五十年，故臺灣佛教之現代化適應轉型過程，必有值得大陸佛教藉鏡之處」。〔註164〕

　　在臺灣僧尼對於道場的經營很是邁力，但卻產生不少寺廟的管理與經營上的問題，看起來跟民眾認為佛門是清修之地的觀念大不一樣，這是佛教本土化的一種現象。至於臺灣目前寺廟的狀況，惠慈法師在〈佛教建築的使用與管理〉文中說：「歸納起來有下列幾點，一是原有的建築物在使用規劃上，已不符合時代使用了。二是建築物的所在地，目前已不適用了。如前所述，寺廟由於被高樓所包圍，及都市計劃開發、土地重劃，使得當時很好的地點，現在在使用上，極不方便。這都受到整個社會結構改變的影響。三是信徒對信仰的需求，已經跟著時代進步而多元化了，因此，寺廟的建築物，如果不隨著各種弘法的需求而作調整，就會發生使用上的困難。四是主事者認為保持現況就好，因此沒有作進一步的發展計劃。五是繼承人的問題，寺院即使擁有龐大的寺產，如果沒有前瞻性、拓展性、有魄力的繼承者、優秀的下一代，也依然發揮不了使用功能。六是.建築年代、寺廟用地，或產權歸屬名義等問題，與政府法規上互有出入矛盾。如寺院本身是在訂立法規之前就開始建造，而政府的寺廟建築法規製訂在後。以當前的狀況為標準所訂的規章，來要求不同時況的過去問題，等於以瘦身材量製的衣服要豐滿肥胖的人穿著，使許多寺廟被冠以『違章建物』不譽之名。以佛光山為例，佛光山是開創於民國 56 年，當時的土地，為『非都市計劃區』，不用申請建築執照。即不必申請就可以建房子（臺灣目前這種寺廟很多）。數年前土地法修改，佛光山的土地，必須符合使用地目，好在佛光山的地目屬『遊憩地』符合寺廟用

〔註163〕關正宗《臺灣佛寺導遊（八）》（民國85年6月，臺北市菩提長青出版社），頁 9。關正宗在〈戰後臺灣佛寺的轉型與發展〉，《臺灣佛寺導遊（八）》，頁221 云：「光復以後，別是在民國 50 年代之後，南投的山水就成為大陸來臺僧侶看重的開山寶地。雖然實地調查光復後新興的佛教道場有 17 座，但在此不打算全部介紹，僅挑幾座有代表性的說明。」

〔註164〕釋惠空〈臺灣佛教叢書總序〉，《圓光新誌》第89期（民國95年9月，圓光雜誌社），頁72。

途。但數年前高屏溪被劃歸爲水資源保護區，佛光山擁有的土地建築工程進行到一半的建物被列入禁建，甚至判定爲違章建築。類似建寺在前或建寺一半（有的建寺工程一拖數十年）立法在後的現況，使寺廟權益及道譽嚴重受損，尤其被糾纏不得安寧。七是佛教內部乃至社會人士，不重視寺院行政人才的培養，專門念佛參禪辦道，深入經藏，能講能寫，是僧徒楷模，凡涉及寺院行政的寺務僧，被貶爲『世俗』、『不務正業』，尤其學術界，更不時予以筆筏口誅，而僧徒個人，就以佛學院的學僧而言，也以成爲『法師』，研究佛學成爲『學問僧』，爲最高尚的前途。在這樣的觀念之下，數十年來把寺產管理全權交給信徒，把建築工程，悉委在家人掌理，而出家人對這些事務不必學習，所以衍生僧信之間之財務產權糾紛不斷。」〔註165〕目前臺灣寺廟的設立位置，有座落於郊區，有設於公寓內一個單的精舍，有設於都市高樓中某一樓層的寺廟道場，有獨寺獨棟式的座落於市區（如善導寺）或山林之間的，其住持人物也是形形色色，因爲出家的初心不同的緣故。由此，可見人間佛教教團的寺務是繁多的，佛寺內的僧尼角色扮演是種類的，不能僅以是修持道場來看待它們。爲了因應佛教所面臨到的現實的生態，建設一符合現代化需求的道場是必要的，其議題還是環繞在出家與在家的問題、出家男眾與出家女眾的問題，以及寺院道風與行化層面的問題。

八、本土化與現代性

在臺灣不僅是佛、道的廟宇本土化了，佛道的修行人也有很明顯的本土化傾向，尤其是道士。臺灣的廟宇一般都很小，從道士的家室，以及穿著、職業與法事、廟會活動上來看，其與民間信仰緊密地結合在一塊，不同於以往的大陸道教。〔註166〕而臺灣的民間信仰與廟宇崇信，則相當複雜，也不同於大陸，其跡象陳建源在〈臺灣民間信仰的特色〉中約略分爲三點。一是，宗教的混合，在家庭的神龕上，我們可以看到神、佛合祀的現象，如瑤池金母和觀世音菩薩同祀的情形。〔註167〕二是，泛靈崇拜，「這些神明固然有部份是由大陸分靈到臺灣的，但也有些是在本土產生的，如大眾爺、義民廟、石頭公、大樹神等，這些本土神明的產生，多半是因人們對孤魂野鬼的憐憫、畏懼及對自然精靈的

〔註165〕《1998 佛教建築設計與發展國際研討會會議實錄暨論文集》，1998 年出版，
　　　　頁 151～152。
〔註166〕窪德忠《道教諸神》，頁 11。
〔註167〕林進源《中國神明百科寶典》，頁 14～15。

祈求，但其主要目的要得到生命、財產的保障。」又隨著工商業社會帶來的投機心態，社會上興起了爲簽大家樂、六合彩等彩券中獎的興趣，任何形式的神明都成爲祭拜的對象。三是，廟宇具有地區特色；「這些廟宇對內是地方祭拜、集會修閒、活動、娛樂等的中心，同時也是鄉民思鄉懷舊的寄託；對外則代表了全區團結的象徵，爭取地盤、抵禦外侮皆以此爲向心力；以上種種現象，雖然隨著社會的日益繁榮而逐漸消退，但在純樸的民間鄉下，寺廟仍具有濃厚的地方色彩。地方派系活動，也往往以寺廟所在地做爲中心，因此大抵而言民間信仰實對一般民眾具有相當的影響力。」〔註168〕

在臺灣除了齋教爲因應時代變局而佛教化，但也有走向民間信仰的途路，也有依存於佛道之間，因後繼無人而衰亡的。日治到光復之後的齋教佛教化，雖然是一種選擇存續的趨勢，但其後來的發展卻也不免本土化。闞正宗在〈戰後臺灣佛寺的轉型與發展〉文中說：「南投第意區的齋教佛教寺廟，在戰後已和佛教歸於一統，現在齋堂的擁者已將堂改爲寺，並且絕大部份已剃度出家，成爲出家佛教。原在家佛教的齋堂型態已崩潰瓦解，且成爲大陸佛教來臺的第二代的傳承者，帶有一些本土色彩。大陸僧侶來臺建立的寺院依然獨領風騷，但隨著大陸僧侶的老化、凋零，新一代本土的僧侶將傳承取代這個地位。或許在延續大陸叢林式的大道場上，會有更多年青一輩的僧侶，在固定的儀軌下多一些創新之舉，如由一人或二、三位道友成立的精舍小道場，以機動式地調整傳統的寺院作息，以應付日益都市化的現象。南投地區的佛寺、齋堂是臺灣佛教的一個小縮影，南投已不再有日據時代那麼明顯的封閉性格了。」〔註169〕

除了佛、道廟宇，在臺灣是本土性強烈之外，家廟在臺灣的發展也是一樣。初期臺灣漢人移民社會爲中國大陸傳統社會的延續或延伸，其性質就是原傳統社會移植或重建的過程。但移民社會在經過一段時間後，經由本土化過程走向本土社會，其特徵則表現在移民本身對臺灣本土的認同感，不再一味地以大陸祖籍爲指涉標準，使得意識上，從「唐山人」、「漳州人」等概念轉變爲「臺灣人」、「宜蘭人」。在血緣意識及祖先崇拜的儀式上，不再想「落葉歸根」，或醵資返唐山祭祖、掃墓等。反之，認定臺灣這地方才是自己的

〔註168〕林進源，前引書，頁 14～15。

〔註169〕闞正宗在〈戰後臺灣佛寺的轉型與發展〉，闞正宗著《臺灣佛寺導遊（八）》，頁 223～224。

根據地，終老於斯，而有「久居他鄉即故鄉」的心態。就家族而言，這種土著社會的具體現象，就是在新移墾地建立新的家廟或祭祀祖織。〔註170〕對於臺灣的這種家廟文化，陳進傳在〈宜蘭地區家廟祠堂初探〉文中說：「簡言之，家廟就是本土化社會的表徵。家廟所祭奉的祖先如限於開臺列祖列宗，而非大陸的唐山祖，則這種土著化的現象更為明確。」從家廟堂號也可看出其建廟之初，即富有強烈的本土化之趨向。如游氏東興堂就是一例，蓋「東渡以來，子孫既云衍慶，廟制不聞，何以報本源而昭宗主乎？夫乃草創於羅東堡九份庄，起廟號曰東興堂，不外東渡興隆之旨也。」〔註171〕東渡以後如能興隆，即可落地生根，就是土著化意含。而游氏盛蘭堂派下子孫，「時有感與唐山族親往來不便，祭祀費時，不如另設蒸嘗，可仰祖德，可固血親。」始整建新祠，堂號「盛蘭堂」，意謂盛衍淡蘭。〔註172〕另鐘何祠堂號曰「瑞蘭堂」，欲其後代祥瑞發達於蘭陽，足證別出唐山，立足蘭陽，已是家族們共同的願望，因而加速本土化社會的實現。這種本土意識興起之後，國人對本土寺廟的考察更加著力，闞正宗等人的臺灣佛教解讀與臺灣佛寺的考察報導，以及國人休閒旅遊時的網路紀實，都是國人重視歷史古蹟與文化保存的一些表徵。宋芳綺說：「一般年輕人，遊山玩水的意願是有的，在這種心態下所做的調察，大概是記錄山水的遊記吧！（中略）闞心生所做的寺院探訪，絕不僅是寺院的地理位置、歷史、人文特色及人事演變。使讀者可以從文字中清楚地了解各個寺院本身的主要特色，寺院與寺院間的相互關係。（中略）一次又一次深入南投山區探訪，收集了五十座的佛教寺院，將一些藏諸名山的古刹，呈現在讀者面前，使有興趣於寺院參訪者，可以據此遊歷臺灣名勝古刹；也為有心於臺灣佛教文獻工作者提供一份詳盡的資料，這豈不讀者的福報？」〔註173〕

　　目前臺灣的寺廟，有大有小，寺廟中的僧人或主事人有多有少，這是環境、經營與管理的問題。因為臺灣的佛教跟大陸很不一樣，大陸僧人來臺後

〔註170〕陳其南《臺灣的傳統中國社會》（民國76年3月，臺北允晨文化公司），頁158。

〔註171〕游時中〈東興堂廟誌（前段）〉，《游氏大族譜》無頁數。（民國59年5月，臺中創譯出版社）

〔註172〕游永德編輯《游氏追遠堂族譜》（民國69年12月，宜蘭壯圍游姓祠廟追遠堂管理委員會），頁30。

〔註173〕闞正宗《臺灣佛寺導遊（八）》，頁11。

不久，就覺得佛教現況必需改革，所以白聖法師在〈我對佛制改革的意見〉文中說：「佛教一般僧尼多依止於寺廟，大的寺廟常住數百人或數千人，中等寺廟也需要住數十人甚至數百人，小寺廟則住數人至數十人不等。本來僧尼出家，原為厭棄塵寰，住入寺廟，修行道念，研求佛理。小則須超出輪迴，了卻生死，以求個人解脫；大則要弘揚佛法，教化眾生，而發利他的悲願，並非單為依寺棲身，苟圖衣食。而今僧尼出家，則不相同，多半為的寺廟富有，藉此苟安生活，或因環境不良，出家可免去麻煩（中略）。現在一般住持寺廟的僧尼，既不能興辦文化、教育、慈善、公益事業，幫助國家社會，福利群眾；又不肯自己認真修學，養成健全完美僧格，反把僧尼本位宏法利生的天職，置之度外。」〔註174〕因為來臺的大法師，都在北部大都市跟外省的信徒講經說法，很少關心本省寺廟的出家人，更沒有人領導他們用功修行，因此白聖法師就以「改善本省佛教生活為己任」，「開始和本省出家在家四眾佛徒進行轉移風氣，畫清在家、出家的界限，尤著重建立正式出家人的正當生活行為」，因為傳戒的關係，「產生了不少的正知正見、解行相應的本省出家僧尼。」〔註175〕佛教教團的各自弘化，以及民間信仰的發展，佛教的講求本份事與民間教派的本地風光，恰成一個鮮明的對比，但都能在臺灣這塊土地上昂揚，實必有其特質與功能性在是不容置疑的。當前人間教團的過渡發展，讓學者反思佛、道守戒、清修的重要性，因為此為宏法利生的根本，也是出家人為人尊崇之處，亦是一切宗教精神的核心。〔註176〕

不論社會上的宗教教團是如何地追趕現代化的腳步，社會上總會有清苦的角落，以及正在崛起的道場，臺灣宗教的複雜真的不是一般人所能想像的，除非你身臨其境去做深度的考察與質性的探訪。環境的變遷，歲月的流逝，人都要跟著變化，廟宇當然也會隨著時代腳步起落。出世、入世是一念心的事，卻讓人難以抉擇，但人卻能看到其間的變化，看廟宇的心情亦然。王靜蓉在〈願菩提長青〉文中說：「人在寺中，足履是輕盈的，語意歡暢，入寺是把自己拂拭的功夫（中略），我們對心中的寺宇不夠賣力，那就要經常親近莊嚴的道場啊。寺宇則與歲月共同呈現它的生命力（中略）。但即使是寺宇建築能夠獨立在山巔水湄，在祈求鼎盛的市塵，臺灣寺廟仍然不可免地在變化中。

〔註174〕《白公上人光壽錄》「民國49年」，頁263。
〔註175〕《白公上人光壽錄》「民國53年」，頁484。
〔註176〕對於佛教的期許，參見周慶華《後佛學》，頁16～17。

以獅頭山爲例，幾年來總會繼續前去的朋友，都異口同聲地感慨它的變化，拆去木瓦換上水泥的心寺，因爲沒有歲月的痕跡，因爲沒有歷史，因爲缺乏文化的質感，所以只有匠氣，沒有雍容的美。在迅速的變化中，我們總想爲它記錄點什麼。」〔註177〕不僅佛寺隨著社會上講究科學而在逐漸俗化，臺灣宮廟的情形更是嚴重，古色古香的氣息消退了，代替的是死板的水泥味，只是表面上裝飾了花樣。

對於佛教的發展以及本土文化的研究，藍吉富說：「由於佛教的蓬勃發展及本土意識的高漲，近幾年來的臺灣佛教研究界，已經開始有人從印度佛教、中國大陸佛教，轉而鑽研臺灣佛教。而前此乏人問津的臺灣佛教史研究，也幾乎成爲佛教界的顯學。」「然而，對於臺灣佛教的研究者而言，首先面臨的難題之一，是相關史料無人曾作較有系統的整理與編輯，對各地寺院也罕見有人作實地的調查與訪問。由於奠基工作的缺乏，因此，儘管臺灣佛教的輸入不過三百餘年，較爲興盛的時代也不過是進入二十世紀以後，但是要研究這一段短暫而似乎並不複雜的佛教史，其實並不如一般人所想的那麼簡單。」〔註178〕近年來，臺灣廟宇的研究成爲顯學，臺灣佛寺的訪察工作顯得格外的重要，〔註179〕但由於臺灣寺院本身缺乏保存寺院史的觀念，其他相關的廟宇、道場、神壇、家廟宗祠、神明廳堂更是需要探訪其跟佛教的關係，所以現代化的研究工作與綜合性的討論遭受到阻礙，但由此也可以見到佛教的保守性格依然存在，現代化要進入佛寺之門還要努力。

當前臺灣的廟宇有大有小，但其規模普通是小的，有的廟宇老舊，有的卻是跟著社會的腳步現代化了，但在愛傳統與喜清淨的人眼中卻是俗化了；但畢竟廟宇是拜神佛之處所，是行者清修之地，不論它變化如何，在國人的心目中它還是存在著不可抹滅的地位。王靜蓉在〈擊壤歌──理想與現實之間〉文中說：「在探訪臺灣北區寺宇的同時，我也以兩回的日本行走了奈良、京都、鎌倉知名寺宇與東京部份寺宇，兩國寺宇形態的差距固然地廣、地小影響了佔地面積，但我們的寺宇的確不如日本寺宇保存的完善。大抵上說，日本寺宇的風格是清雅、空靈與寧靜的，臺灣寺宇則是有些因應民間信仰而

〔註177〕楊國連等《臺灣佛寺導遊（一）》，頁6。
〔註178〕闞正宗《臺灣佛寺導遊（六）》「序」，1998年6月臺北菩提長青出版社。
〔註179〕藍吉富在闞正宗著《臺灣佛寺導遊（六）》「序」中云：「闞正宗先生對臺灣佛寺的訪查工作，便是臺灣佛教史研究的主要奠基工作之一。」

建築趨向匠氣。」〔註180〕他山之石是可以攻錯的，日本對文化財的重視是值得學習的，但臺灣的廟宇建築卻有朝向西化的傾向，而著重在功能性以及莊嚴式的外觀，這在佛道的人間教團多見。然臺灣的廟宇具有本土性質的，還是不在少數。「我們的家和土地，呈現出我們生活的樣貌，我們的寺宇，也將呈現出僧人生活與佛教樣貌。寬廣的寺有匡廣的舒暢，小寺廟也能有小寺廟的精巧雅緻，重要的是住持者如何彈唱他的『擊壤歌』。」〔註181〕民主時代，廟宇的樣貌，不是隨少數人的觀點而定的，所以臺灣的廟宇勢必是國際化與本土性的色彩是並存的，其走向如何不是開開廟宇建築研討會就能有統一的款式；或說盡量保存古風，那古風指的是哪一種款式，說實在人類的觀感與現實性是難以捉摸的。

　　古人說：「創業唯艱，守成不易。」創業是難，但他是要面對環境而採取的變革，是順勢而爲，其難在心急、身苦，所以說創業僅是唯艱，因非作不可；但守成者，在別人的基礎、局面上想要有一番別開生面的作爲，其處境是艱困，所以說不是一件容易的事。以太虛大師提倡人間佛教而言，在臺灣的佛子則是創業之始，這還包括正信佛子力挽狂瀾的心行而成之，到了人間教團成立發達了，面臨到守成之不易階段，先後的格局與氣度都大不相同，實難說孰是孰非，但其差別處還是可以一一列舉的。李世偉在〈戰後花蓮佛教的中國化與人間化〉文中說：「1950 年代，臺灣宗教界開始有環島巡禮活動，一方面具有聯結交好相關寺廟道場之意義，一方面也具觀光賞遊、增廣見聞之作用，這在臺灣旅遊風氣尚不發達的年代，是一項難得的經歷（中略）。值得注意的是，幾次的巡禮團所參訪的道場中，並非全是『正信佛教』寺院，許多是雜揉神道信仰的『民間佛教』（如龍山寺）、齋堂（愼齋堂）、鸞堂（指南宮）等可見巡禮團具有一定的宗教開放性與包容力，願意對所謂『外道』信仰有親身的接觸，這與今日漸趨純粹化的正信佛教大異其趣。」〔註182〕關於大陸來臺僧人的巡禮之行，民國 37 年有巨贊法師曾入臺巡禮，寫下〈臺灣行腳記〉〔註183〕一書，明復法師在《白公上人光壽錄》「民國 38 年大事——教團」則說：「劣僧巨贊於民國 37 年潛入臺灣，見防諜甚嚴，復返回杭州與

〔註180〕王靜蓉〈擊壤歌——理想與現實之間〉，《臺灣佛寺導遊（二）》，頁 8。
〔註181〕同前註。
〔註182〕《圓光佛學學報》第 14 期，頁 179～180。
〔註183〕黃夏年主編《巨贊集》，頁 450～460；原載於 1949 年《覺有情》第 9 卷第 12
　　　　期、第 10 卷 1～3 期。

趨樸初相會。」〔註184〕民國 38 年中國佛教會在臺成立辦事處，從民國 41 年開始中佛會開始配合國策，作全省弘法活動。〔註185〕中國佛教會為改善日治下殘存的宗教生態，不斷地作全省弘化與考察工作，民國 50 年「民本電台」訪問白聖法師說：「貴會對於弘法事業過去有些什麼成就？將來還有些什麼計劃呢？」白聖法師答：「弘法是本會的主要任務，現在臺灣各地的比丘、比丘尼和居士，對弘法都很熱心。所以本會特設立了一個『弘法委員會』，專門在研究這項事業的推動和發展。今後本會除規定各縣市支會每年舉行定期弘法大會外，並經常鼓勵或協助各地出家二眾，及在家居士，隨時隨處弘法；又將青年佛教徒組織歌詠隊、音樂隊、電影隊相輔而行，其佈教處所為寺廟、城鎮、山地、軍中、監獄，乃至環島視導，以期化導人心，改良社會風氣。」〔註186〕

　　民國 49 年聖嚴法師剃染，該年白聖法師被選為中國佛教會理事長，明復法師在《白公上人光壽錄》云：「當時臺北各佛教雜誌均撰文介紹云：按白聖法師現為中國佛教研究院兼三藏學院院長、十普寺臨濟兩寺住持、中國佛教雜誌社長，此次膺任此自 46 年 3 月章嘉大師圓寂以來，久已虛懸之理事長職，各界咸慶得人，今後中佛會在新任理事長領導下，將展開心的一頁，前途光芒萬丈。」〔註187〕當時佛教界的生態在中國式祖國情懷的正信佛教下，有人叫好、有人覺得保守，因為佛學院的學歷問題，許多佛教徒到日本遊學，〔註188〕後來很多人在日本落地生根，結婚還俗了，〔註189〕但臺灣的教界去除日化佛教很是用心，

〔註184〕明復法師在《白公上人光壽錄》「民國 38 年大事——教團」，頁 255～256。
〔註185〕南亭法師在〈六年來中國佛教會之成就〉，《南亭法師全集》，頁 292 說：「中佛會本身因人力、財力兩感缺乏，於宣教方面未能充分發揮其力量，其中雖有世界佛學院之擬辦，終以經費無著，未能實現。」關於中國佛教會與教界的弘法活動團，參見《白公上人光壽錄》「民國 41 年大事——僧伽」，頁 275；釋白聖〈東臺灣半月弘法記〉，前引書「民國 42」，頁 281～300；釋悟明《仁恩夢存》「民國 43 年」，頁 146～149；《白公上人光壽錄》「民國 43 年大事——僧伽」，頁 306；前引書「民國 44 大事——僧團」，頁 314；前引書「民國 47 大事——教團」，頁 354。帶日僧巡禮觀光的，參見釋悟明《仁恩夢存》「民國 44 年」，頁 165。
〔註186〕在電台的訪問下，可以看到在中國佛教會領導下佛教的現況與進路，參見《白公上人光壽錄》「民國 50」，頁 401～407。
〔註187〕《白公上人光壽錄》「民國 49 年大事——教團」，頁 397。
〔註188〕僧人到日本留學，參見《仁恩夢存》，頁 213。
〔註189〕留學於日本的臺灣佛教徒多與日本佛教徒同化了參見，釋南亭〈漫談佛教（一）〉，《南亭和尚全集》，頁 316；另見釋南亭〈一個好現象一個新希望〉，

所以日治佛教寺院的建築景觀被改變了。當前從日本受洗禮過的僧尼，在臺灣教界與學界逐漸崛起，儼然是另一股宗教文化的現象，他們的思想與禪行跟本土宗教以及中國化強烈的僧尼很不一樣。社會或宗教界對於寺廟僧尼的進修取得正式學位，早期很不重視，所以一般寺廟送僧尼到有佛學院的地方去進修後，這些僧尼又會回到寺廟去辦佛事，因為臺灣一般的寺廟小、僧尼少，辦佛事需要很多的人手，通常不鼓勵僧尼遊方辦道，更何況是遠渡重洋到日本、印度等地去。一般人對寺廟僧尼的觀念，是在人間生活或感情出問題才出家的，其日常行事不是念經就是辦佛事趕經懺。明復法師宏化佛教藝術，被教授說：「藝術跟佛教有何關係？」僧尼住民居而不住寺廟，通常易被視為是教內外道或異行者，因有礙戒規與社會雜染多的緣故。僧人得學位〔註190〕的重要性，也逐漸被社會與教界所認同，有的是自己努力爭取的，〔註191〕有的是寺廟高僧大德支助的。〔註192〕在臺灣隨著密宗熱，密宗的道場隨之林立，負責人也僧俗都有。僧人從政者，逐漸多見，廟宇與政治活動更緊密合在一塊，在選舉時成為各方爭取票源的重要樁腳，尤其是佛教山頭的領導人更是總統候選人必去巡禮、問訊的關鍵人物。國人對於佛教的觀感不斷在改變中，明復法師在《白公上人光壽錄》「民國72年大事——教團」文中說：「高雄光明寺悟光法師，經日本『國家宗教議員大會』決議，加贈『少僧正』一職，於寺中舉行容授慶祝會，並茶點、摸彩等餘興。自民國元年國父孫中山先生取消帝制時代帝王鉗制佛教之僧官制以後，七十餘年，國人雖空戀往昔僧官之尊榮，迄無人敢冒時代精神之大韙，而倡言恢復僧官。今者悟光法師榮受日本國家風贈，設會慶祝，賀客三百餘人，報導此消息之記者且謂：『佛教界人士均感與有榮焉。』足見國人對宗教與政治之關係，及宗教與國家之關係，在意識上已與開國時期大不相同。」〔註193〕天主教在臺灣的神職人員，能受到外國教會來的殊榮，佛教豈能說不行，這是時

《南亭和尚全集》，頁333～334。

〔註190〕《白公上人光壽錄》「民國61年大事——僧伽」，頁666云：「印順法師所著《中國禪宗史》、《原始佛教聖典之集成》及《說一切有部為主的論書與論師之研究》三書出版。日人牛場眞牧勸向其國大正大學申請博士學位，師以盛情難卻，勉從其請。」

〔註191〕釋聖嚴〈臺灣佛學研究的繁根者——談周宣德居士〉，《慧炬》第532期，頁49～52。

〔註192〕對青年居士遊學外國的護持者，有明復法師。而僧尼遊學日本，也獲得悟明長老的護持，參見《仁恩夢存》，頁213、217、218。

〔註193〕《白公上人光壽錄》「民國72年大事——教團」，頁906。

代環境使之然，如同僧尼可以從政，僧尼可以取得國內外的學位一樣，俗人能
的大抵僧尼只要不犯戒規都行得通。

　　至於臺灣人到宮廟去，一般人聯想到的不是去拜拜就是去祭改；而去佛寺
親近僧尼，早期會覺得是否此人因事要出離，常被視爲不實際、迷信，如果有
人興起出家的念頭，因爲寺院生態的關係，朋友多會勸他暫緩一下再說，而不
直說寺院的是非，以免誹謗到三寶。當前臺灣人，到宮廟的心態沒有多大改變，
有的人到佛、道寺廟只是爲了休閒觀光，至於常到佛教寺廟的還是以信徒爲多，
一部份是參與寺院活動者，一部份是慕名來巡禮者。而一般宮廟或神壇中人，
也會不時有進香團的組合，一方面參學，一方面觀光，一方面拓展人面與溝通
情誼；在這一點上，宮廟信徒是比佛教信徒積極多了。宮廟神壇是因爲有功能
性，才興發起來，功能性好的通常越發展越大；佛教寺院的成立，是基於出家
人的德行與在家人的發心捐助；「今日臺灣的佛教，大廟到處是，但眞正出家人
主持的不多」，〔註194〕甚至有規模很大而只住一、二出家人的，其問題是出家
的僧人越來越少，而尼眾多的緣故，有些原本是僧人住持的如今或改由尼眾住
持，〔註195〕或尼眾自興廟宇，可見尼眾在臺灣寺廟的角色已經逐漸有凌駕於僧
人的氣勢，對於寺廟的環境與文化生態也會有所改變。

九、結　論

　　臺灣經濟的發達之後，廟宇獲得布施的機會增多而財物豐厚了，由是興
修或蓋廟者就會考慮到蓋哪種型態的廟宇才好。其實蓋廟也講究個人的福德
因緣，當然人各有所好，僧尼也不例外，有的講究功能性與實用性，從客觀
環境或現代化的角度去思索；有的人如明復法師，除了要求功能性之外提倡
復古，五智山光明王寺的佛殿就是實例；有的寺院，蓋得過份鋪張，備受批
評，如中台禪寺等。有的崇尚簡約自然，如聖嚴法師經過多方考察後再作定
奪，陳清香教授說：「就整個法鼓山的建築布局而言，是沿著山坡地勢的走向
而興建，因此對原始生態的改變，盡量減少到最低。建築的外觀，以直線、

〔註194〕《白公上人光壽錄》「民國 66 年」，頁 796；另見釋道源〈不是無人出家而是師
　　　　資問題〉，《海潮音月刊》第 58 卷第 12 期。臺灣光復之初，臺灣寺廟的住持五
　　　　花八門，甚麼樣的人都有，很類似宮廟的負責人是形形色色。《仁恩夢存》「民
　　　　國 44 年」，頁 161 云：「應白聖法師邀，去基龍寶明寺，寶明寺有三十多位比丘
　　　　尼，可是卻由一位居士負責寺務，她們見我去了，便一齊披衣到大殿拜後，我
　　　　感動得眞是又慚又愧，因此謙請一拜；這次到寶明寺，是白公約我談辦學事。」
〔註195〕如霧峰護國寺，原住持是如盧法師，如盧法師中風後，改由比丘尼住持。

簡潔、不作多餘的藻飾，而返樸歸眞、回復自然爲原則。建物的色澤，採二次色間色法爲主，不尙鮮豔亮麗、對比強烈的原色相，以符合禪家的宗風。」〔註196〕德潤身、富潤屋，這是中國人傳統的見識了，這由民間廟宇的建築上可以窺見，至於佛寺如否當如是，民主時代則見仁見智了，講求古風、樸實且具宗風就行了，這是教界普通的見解。然臺灣位於地震頻繁的地帶，加上考慮自然環境生態與永續經營，目前興建廟宇就要更謹愼多了，避免浪費資源。

關於臺灣寺廟建立的歷史，〔註197〕約可分爲3期或說是7個階段。〔註198〕從明末清初至今，臺灣廟宇建築約有三百多年的歷史，受了拓墾經濟、政治體制、建材革新、天災人禍等因素演變到目前，由閩、粵先民搭蓋簡陋之土埆小祠，改建成翹脊飛簷之華麗建築，接著是日人的日式佛寺出現，舉首可見的北方式建築，或爲南、北混合式廟寺，更進一步轉變成洋房、公寓式、或形成具有現代化風格的廟宇。但一個地方的開發史，也可已從土地廟看出端倪來，葉振輝〈在臺灣漢族移民的宗教信仰〉文中說：「一個地方新近開闢，若開始建廟，土地公廟常常是首要的選擇。一塊地區，若還無土地公廟，必定是開發不久或還未有漢人大量開發。」〔註199〕然不同族群有不同信仰，也可以從廟宇上看得出來，葉振輝〈宗教信仰──寺廟與開發〉文中說：「在臺灣開法史上，建寺廟與闢土地，關係密切。在平地常每掰發一個地方，必先建廟安奉神祇，而後寺廟形成聚落的中心。而且更有意義的是，來自不同地區的人，信仰不同的神祇，我們只要參觀當地的古廟，就可以探悉其歷史淵源；泉州人供奉廣澤尊王，漳州人供奉開漳聖王，安溪人供奉清水祖師，同安人供奉保生大帝，客家人供奉三山國王。」〔註200〕

〔註196〕陳清香〈紀念佛門高僧圓寂〉，《慧炬》第538期（民國98年4月，慧炬雜誌社），頁28。

〔註197〕關於臺灣立廟年表，請參閱葉振輝《臺灣開發史》「第十一章宗教信仰──表11-1」，頁171～174。

〔註198〕游謙〈歷史創傷與儀式治療〉，頁254談到民間信仰發展的分期方法，引增田福太朗、林美容與劉萬枝的看法。憎田福太朗的三期是指前部落期、部落構成期與新社會成立期；劉萬枝則分爲拓墾初期的無廟時期、庄社構成期與庄社發展期，其再細分成游移性的試墾期──無廟，成村前的曙光期──草寮，村落的雛形期──小祠，村落的奠定期──公厝，村落的形成期──小廟，村落的發展期──中廟，以及市街的成立期──大廟。（民國93年11月，宗教論述專輯第六輯）

〔註199〕葉振輝《臺灣開發史》，頁179。

〔註200〕葉振輝，前引書，頁167。

　　而當今的臺灣，究竟還存有多少傳統格局的寺廟呢？大概僅有臺南於明代興建的孔廟、臺南祀典武廟、清代中葉之鹿港龍山寺、淡水鄞山寺，清代末期興建的新莊廣福宮，以及日據時代興建的臺北孔廟，這些都算得上是我們該極力珍惜的文化資產。

　　日據時代，臺灣佛寺受西洋建築的影響，在色彩運用上也與中國寺建築有極大的差異。〔註201〕如臺灣光復以後，日本人所建的寺院絕大部份是被以敵產的名義接收而有所改變，如臨濟護國禪寺、臺北法華寺等，〔註202〕而本土的廟宇則相安無事。〔註203〕在國民政府時期，西洋式的柱端、柱基或柱身，已不復出現，如慈雲寺、松山寺、大佛寺、玄奘寺與佛光山等。但綜合西式窗戶與中國建築（尤以歇山式為多）之手法，仍然風行，如臺北金龍寺與慈雲寺。〔註204〕

　　臺灣光復後，具古風的老建築師傅受建築制度的限制，無法主持廟宇設計，以致傳統大木建築技巧的失傳。現在的建築界，又缺乏傳統廟宇建築的知識，將具中國文化的古廟修建為南北不分，中西難辦的廟宇，嚴重破壞古蹟，豈可稱之為修葺？為了維護我們先人遺留下來的文化資產，有關當可否擬定古蹟的管理、維護辦法，免於濫修、繼續被破壞。政府應有計畫地培養繼承古風的建築師，傳授其符合傳統的建築技巧。並給予請傳統廟宇建築的老師傅，得以將一生的才學授予新生代。除此之外，對於文化獨具一格的大木建築、泥塑、燒磚瓦、石彫、木刻、彩繪、剪黏等民間藝術，能繼續留傳，才能真正再見傳統建築，重現於臺灣廟宇中，也才能將古蹟永遠以原貌展現風采。但佛教寺廟民俗化如龍山寺，卻是不能免的趨勢，如光復後來臺的巨贊法師所說的仍「為臺灣民間信仰的溫床」，〔註205〕周慶華在〈後佛學的幾個研究方向〉文中說：「佛教俗化，已經可以預見不會是一條康莊大道。」

〔註201〕江佩蓉〈日治時期臺灣西部日式木造寺院配置初探與其現存殿堂修護中的色彩問題〉，民國91年12月28、29日《第一屆當代佛寺建築文化與經營管理學術研討會論文集》前引書，頁E～9。

〔註202〕江佩蓉〈日治時期臺灣西部日式木造寺院配置初探與其現存殿堂修護中的色彩問題〉，民國91年12月28、29日《第一屆當代佛寺建築文化與經營管理學術研討會論文集》，頁E～8。

〔註203〕闞正宗《臺灣佛寺的信仰與文化》「臺灣日據時代曹洞宗派下寺院戰後現況調查報告」，頁62。（2004年10月，博揚文化事業有限公司）

〔註204〕邢福泉《臺灣的佛教與佛寺》「第五章結論──佛教藝術」，頁155。

〔註205〕釋巨贊〈臺灣行腳記〉，《南亭和尚全集》，頁455。另見楊國連等編《臺灣佛寺導遊（一）》「龍山寺」，25～28。

〔註206〕佛教的問題，教界早已論之甚久，但積重難改，如法子問題與培養青年佛子、土地與教產、制度與宗派問題。佛教僧尼的傳統生活，也很難起大的變化，南亭法師在〈所希望於中國佛教會者〉文中說：「中國僧尼生命寄託的所在，不外香火、經懺、風景區的遊客招待、田地、山場。香火、經懺、風景遊樂，這三種生活來源是一種自然趨勢，提倡不了，也禁止不了，並且都有很大的流弊。糾正的方法，是在將來。」〔註207〕經教是法的精義，廟宇是像法的表徵，都可以使人生信。常民的生活忙祿，但道人，「只要有廟宇，有信徒，清淡而寂寞的生活是不成問題的。」〔註208〕廟宇中道人的不成文憲法，最好的是戒律〔註209〕，而不是跟著、制定教團組織，〔註210〕或以教團的統治者自居。〔註211〕還有一個對佛教界算是頗嚴重的問題是廟多人少、廟大僧少、廟中尼多僧少。釋道源〈不是無人出家而是師資問題〉文中說：「今日臺灣的佛教，大廟到處是，但真正出家人主持的不多，甚至有規模很大而只住一、二出家人的，問題是出家人漸漸少了。以臺灣來講，還不至於如此嚴重，在還外不但男眾出家人少，女眾出家的近來也不多了。因此有提倡『短期出家』的，甚或提出『和尚生活正常化』的，造成了病急亂投藥、亂吃藥的怪現象。」〔註212〕佛教出家眾中，尼多僧少，每年出家的男眾也女眾少許多，〔註213〕比丘尼人才輩出，住持大廟者、在學術上有成究者越來越多。

臺灣文化資產的保存極為重要，不論在日治或戰後，民間菁英積極努力保存文化資產的作為，催促著政府前進，政府握有法令及預算在文資保存工作上扮演關鍵角色。我們要瞭解臺灣寺廟，認識寺廟僧人或道人生活之外，對廟宇知識的認知也是挺重要的，因為她已成為臺灣文化的一大特色。臺灣的寺廟，絕大多數是民間自己建立的，官方設立的只有臺南市的文廟、文廟

〔註206〕周慶華《後佛學》（民國93年4月，里仁書局），頁13。
〔註207〕釋南亭〈所希望於中國佛教會者〉，《南亭和尚全集》，頁284。
〔註208〕釋南亭〈如何辦好一所理想的佛學院〉，《南亭和尚全集》，頁8。
〔註209〕釋南亭〈德育課本——佛教的投票法〉，《南亭和尚全集》，頁162。另見釋南亭〈德育課本——我們必須有正確的宗教信仰〉，《南亭和尚全集》，頁219。
〔註210〕釋南亭〈德育課本——佛教的憲法〉，《南亭和尚全集》，頁155。
〔註211〕釋南亭〈德育課本——孔孟與佛陀民主觀念之得失〉，《南亭和尚全集》，頁153。
〔註212〕臺灣《白公上人光壽錄》「民國66年」，頁796引釋道源〈不是無人出家而是師資問題〉文，原文載於《海潮音月刊》第58卷第12期。
〔註213〕《白公上人光壽錄》「民國66年」，頁783。

武廟、彌陀寺、彰化的文廟、節孝廟，以及其他縣市的文廟、城隍廟等，全部加起來不過數十座而已。萬餘間的寺廟中，絕大多數是公建的，其中歷史較優久的，都是移民們離開故鄉時，從平日信仰的寺廟中帶來的香火或分身神像，到臺灣之後因為靈驗而興建廟宇來加以供奉；而分靈與分香的活動，目前由於文化交流之所需，供奉不同神明的寺廟間轉變成聯誼性的活動。

由於早期移民來臺，缺乏宗教知識，因此常把佛教的菩薩認為是道教神明等錯誤出現，這也是臺灣民間信仰獨具的特色。〔註214〕臺灣的民間信仰，以中國古代精神信仰為基礎，融合了儒釋道三教而成。寺廟為民間崇拜神靈的場所，神明的屬性不同，而使寺廟的形式也有所差異。如民間自然崇拜中的大樹公，卻往往沒有寺廟，只在樹下設壇祭拜；又無祀屬神的有應公，往往只設一間小小的廟仔；而大間的寺廟，亦有區別。道教的宮廟和佛教的寺院，其式樣可能不同。同時民間所建的廟宇和官方設立廟宇，也可能有所差別。由於這些不同，使得臺灣的寺廟，呈現多元色彩。〔註215〕

臺灣的寺廟，真的是具有多元性的色彩，以佛寺為例，楊國連在〈菩提因緣〉文中說：「在這段採訪攝影中，卻也發現臺灣佛教的複雜。如早期是閩南民間齋教的影響，日治時期受日本佛教的影響，民國38年政府遷臺以後，大陸高僧大德來臺以後的不同階段演化。就拿我們到北投採訪、攝影來說，就發現很多日本式佛寺。有的仍保持的很好，有的已經沒有人管理了，有的完全是佛教信仰，有的佛道不分，有的是出家法師主持，有的是在家居士負責；有的佛寺古老而莊嚴，有的窄小而零亂；有的香火鼎盛，行人車輛、車水馬龍、絡繹不絕，有的卻乏人問津」〔註216〕呂秋豐在〈爾時休息爾時心〉文中說：「加入臺灣佛寺的採訪行列，從佛寺建築式樣的變遷，深深感覺到臺灣的經濟在蛻變，更感受到佛教的熱情與慷慨——寺宇一座一座的蓋，道場一個個的增加——只要有法師登高一呼，要建多少廟宇應該不成問題的。只是，這種山頭林立的方式，也分散了佛教界原本堅實的力量。」〔註217〕在古代就有知性之旅以及寺廟的巡禮，而隨著旅遊文化的發達，宗教文化之旅變

〔註214〕飛雲居士《細說臺灣民間信仰》「民間寺廟統計」（民國82年4月，益群書店），頁25。

〔註215〕飛雲居士，前引書，頁24。

〔註216〕楊國連主編《臺灣佛寺導遊（一）》「編後語」（民國84年7月，菩提長青出版社），頁167。

〔註217〕楊國連，前引書，頁230。

成一種生活形態與行業，因為寺廟古蹟是人類偉大的傳統和人類歷史上卓越的成就之一。沈祖祥在〈宗教是旅遊業賴以存在和發展的基礎之一〉文中說：「宗教的形成和發展，與各種人文景觀、文化現象、特殊的歷史事件及發生地等，緊緊地聯繫在一起，使之成為多姿多彩的旅遊文化景觀。這種景觀，是旅遊的重要資源，是旅遊業賴以生存和發展的一個基礎。在旅遊地，常常有宗教的相伴。在旅遊中，人們在欣賞自然美景與人文勝景時，神秘的宗教氛圍、瑰麗的宗教建築，顯然也是重要的觀賞內容。」〔註218〕宗教促成旅遊觀光，〔註219〕旅遊又直接推動宗教的發展，因為宗教景觀是重要的旅遊吸引物；〔註220〕而宗教文化之旅，是當前旅遊事業中的新發展，其理論也在建立之中。〔註221〕兩岸交流之後，臺灣人更加重視本土文化的考察，李乾朗在《臺灣傳統匠藝六輯》「簡介」文中說：「主要的課題包括住宅、建築裝飾保存與維修觀念、佛教建築思想等。近年臺灣各地逐健興起地方文史研究之風氣，為了培養古蹟導覽志工，熱心的單位常舉辦講習會。（中略）從匠派的手路來解析古建築是我在 1980 年代初提倡的。當初兩岸不通，文化資訊阻絕，我輾轉託人購得一些閩、粵建築資料，才發現臺灣的傳統建築實際上涵蓋了三江派、閩北、閩南、閩西以及粵東、廣府等地域諸多差異的派別。」臺灣的佛寺建築佈局與風格，多承襲自閩、粵二地，而閩、粵著名的佛寺如福州鼓山湧泉寺、西禪寺、莆田廣化寺、泉州開元寺、延福寺、承天寺、漳州南山寺、白礁慈濟宮、東山關帝廟以及潮州開元寺等，皆為臺灣清代所建佛寺之藍本。閩粵佛寺建築佈局，又多遵循中國南方叢林之制度，各殿以合院方式配置，成為院落式佈局；通常南方佛寺之佈局，以中軸對稱為原則，從前面安排照牆、水池、牌樓、山門、天王殿、彌勒殿、大雄寶殿及法堂；左右安排迴廊及鐘鼓樓；中軸線之左側配置香積廚與餐廳，右側配置禪房及方丈室。而臺灣的佛寺，大都沿襲這種佈局，不過為了因地制宜，各殿建築常有增減情形，

〔註218〕沈祖祥主編《中國宗教旅遊》（2005 年 2 月，福建人民出版社），頁 3。

〔註219〕釋常開〈行看流水坐看雲〉，《慈明》第 2 期，頁 25 云：「大陸文革時期，許多寺院迭遭破壞，出家眾被迫離開的不計其數，此一聖地（普陀山）也不例外，令人不勝感慨。近年來中共領導階層開始重視佛教，遂使原先規模宏大的寺院漸漸地修復，再度吸引信眾、遊客朝山觀光了。」

〔註220〕關於旅遊的客體文化包含許多的項目，都與宗教文化脫離不了關係，參見徐日輝《中國旅遊文化史》（2008 年 3 月，黑龍江人民出版社），頁 298。

〔註221〕從事宗教巡禮者，每個人的心思不同，有的純是旅行，有的是沾一點宗教氣息，有的人是朝拜；有的人，是為了一了宿願，參見釋常開〈行看流水坐看雲〉，《慈明》第 2 期，頁 24。

例如有的不建鐘鼓樓，直接將鐘與鼓懸掛在天王殿或大雄寶殿裏；再如天王殿與彌勒殿，常常合而為一殿，並且也視為山門，佛寺有天王殿與彌勒殿的存在可以得窺此廟宇的演變歷程。臺灣清代的佛寺建築，多受福建影響，事實上明清二代福建高僧向外弘法很盛，除了臺灣之外往日本九州長崎或到南洋諸邦，也不乏其例。因此，著名的北港朝天宮媽祖廟，在清康熙年間即由樹壁和尚自湄州奉請媽祖神像來臺供奉。臺灣的佛寺，與一般民間信仰的廟宇在建築風格上常常混合，導致於佛寺的原有特色所存無幾，這是值得注意的現象。〔註222〕

總之，臺灣民間寺廟的結構形貌，充份反映出歷史的軌跡；因為臺灣地處海外，人們受到自然環境和社會變遷的影響，新舊宗教藝術不斷融在一塊。葉振輝在〈宗教信仰〉文中說：「在臺灣的各宗教裏，以佛、道和民間信仰最為普遍。由廟宇分佈的演變，可看出臺灣開發的軌跡。除此之外，耶教的傳入和發展，也使臺灣的開發，別是和世界潮流的結合，增加了新的因素。」〔註223〕我們如能了解臺灣宗教的特質，進而就能更清楚地去欣賞臺灣寺廟的建築與文化，不然如霧裡看花。邢福泉在〈佛教藝術〉文中說：「由於地點、空間及環境之關係，臺灣佛寺在臺灣社會中佔有極其重要之地位，同時佛寺亦為旅遊娛樂與社會個種社會活動之中心。在令方面，根據各類佛寺建築之不同風格，吾人亦可探知其背景、外國與地方之影響，以及臺灣佛教之發展情形。」〔註224〕陳清香在遊六甲龍湖巖後說：「巡禮這座擁有建寺355年歷史的古刹，細細咀嚼著每一殿宇，屬於清代閩南式、日治西洋式、戰後北方宮殿式，以及現代式的建築裝飾手法，真是回味無窮。」〔註225〕一般來說，寺廟是紀念性建築，也是神明的殿堂，更是信徒的信仰中心，它除了空間規劃和形式格局之外，還包含木雕、石雕、泥塑、陶藝、彩繪、書法等裝飾，不僅具有視覺上的美感，更反映出國人趨吉避凶、祈望教化和自我表彰的人生觀，充分顯現出其豐富的內涵和精神文明。不僅南亭法師在說，畫未嘗不可以作佛事，佛像、山水亦能說法。那透過廟宇及其文化，也可以弘法，使人淨信，促進社會的祥和氣氛。〔註226〕

〔註222〕http://big5.chinataiwan.org/twzlk/whysh/gj/200801/t20080103_564291.htm。
〔註223〕葉振輝《臺灣開發史》（民國94年7月，普林斯頓國際有限公司），頁198。
〔註224〕邢福泉，前引書，頁159。
〔註225〕陳清香〈踏察臺灣早期佛教流布的足跡〉，《慧炬》第552期，頁42。
〔註226〕釋南亭〈寫在雲門畫展之前〉，《南亭和尚全集》，頁352～354。

十、附　圖

圖 4-1　北方式建築 1

圖 4-2　北方式建築 2

圖 4-3　北方式建築 3

皆為北方式建築。水平式屋脊、蓋有琉璃的圍牆。

圖 4-4　南方式建築 1

圖 4-5　南方式建築 2

圖 4-6　南方式建築 3　　　　　圖 4-7　南方式建築 4

皆爲傳統南方式建築。翹起的屋脊、飛簷。屋脊上並飾有華麗的龍鳳、人物等，
其乃象徵著南方富足之生活。

圖 4-8　緊臨民屋的廟宇 1　　　　圖 4-9　緊臨民屋的廟宇 2

爲早期建於緊臨民屋的廟宇，較具規模的武廟。

圖 4-10　青山宮

　　為青山宮,位於艋舺,也是緊臨民屋於大街旁之廟宇。

經濟的進步,也促使廟宇建築更為雄偉、壯麗,同時雕工也趨於細緻。但是年輕師傅不諳古禮,修築廟宇有失傳統。

圖 4-11　保安宮

保安宮前殿，為南方建築，新築的後殿為北方建築，還有龍柱。

洋樓式建築　　　　　　　　　　　　　公寓

圖 4-12　臨濟護國禪寺

臨濟護國禪寺，舊有的建築古色古香，新修建的寺院成為公寓。其建築格局完全依古禮的行天宮，尊卑有序。

具古蹟價值的孔廟，為北方式建築。

圖 4-13　花蓮慈惠堂

古色古香的氣息

圖 4-14　中台禪寺

現代化色彩濃厚

圖 4-15　新店土地公廟

裝飾著民間故事。

圖 4-16　北港朝天宮

常有廟會活動。

圖 4-17　萬華龍山寺

民間信仰濃厚。

圖 4-18　臺南孔廟

圖 4-19 萬應公廟

圖 4-20 姑娘廟

圖 4-21　開元寺

圖 4-22　開臺天后宮

圖 4-23　鹿耳門天后宮

圖 4-24　延平郡王祠

圖 4-25　一貫道廟宇

圖 4-26　宗教與行政

圖 4-27　佛寺建築與經營

圖 4-28　新店公墓附近的宮廟

圖 4-29　墳上的土地神供奉

圖 4-30　金寶山的土地公

圖 4-31　日治時代的本尊信仰

圖 4-32　日製的觀音像

圖 4-33　流落到臺灣的佛像

圖 4-34　落難神明